INSTITUTION

POLITIQUE.

DE L'IMPRIMERIE DE J. GRATIOT.

DE L'INSTITUTION

DES

SOCIÉTÉS POLITIQUES

OU

THÉORIE DES GOUVERNEMENS;

PAR ANT. FANTIN DESODOARDS.

Saluberrimum in administratione magnarum
rerum, est, summam Imperii apud unum
esse.　　　　　　　　Tit. Liv.

À PARIS,

CHEZ LÉOPOLD COLLIN, LIBRAIRE, RUE
GÎT-LE-CŒUR, N°. 4.

1807.

PRÉFACE.

Je dois rendre compte des raisons qui m'ont déterminé à rédiger cet ouvrage, et des maximes que j'y ai développées.

J'ai été blâmé par un grand nombre de personnes d'avoir publié l'Histoire de la Révolution. Je devais, m'a-t-on dit, laisser cet ouvrage dans mon cabinet, pour ne voir le jour qu'après ma mort. Ce fut d'abord mon projet. Mais vers le tems où Sébastien *Mercier* sortit de l'honorable prison dans laquelle il avait été enfermé avec soixante et douze de ses collègues, il m'engagea d'insérer dans son journal, intitulé *Annales patriotiques*, plusieurs morceaux de cette histoire à laquelle il savait que je travaillais. Quelques-uns y parurent à l'époque du supplice de *Robes-*

i

pierre. Je continuai d'y en insérer jusqu'aux événemens de vendémiaire 1795. Ces fragmens formaient
une suite de tableaux historiques
d'autant plus piquans , que rien
n'avait encore été écrit sur cette matière. Un compilateur, en rassem-
blant ces matériaux épars, pouvait
rendre mon ouvrage public malgré
moi, sans y joindre les détails acces-
soires qui servaient de ciment pour
lier toutes les parties de mon travail. Craignant qu'il ne fût détérioré,
je me déterminai à le publier moi-
même.

J'entends assurer de toute part
que les événemens révolutionnaires
de France ne seront bien connus
que dans cinquante ans. Cette opinion ne serait-elle pas propagée par
des gens qui, ayant profité des malheurs de la révolution, auraient in-

térêt d'en supprimer les circonstances ?

Le devoir de l'historien est de ré-
veiller dans les ames les idées de justice et de vertu, lors même que les
lois sont muettes et que le crime
triomphe ; exerçant une véritable
magistrature, il pèse dans les balances de la vérité les actions des
hommes en place, et les fautes des
peuples. Les jugemens qu'il prononce
doivent effrayer le crime jusque sur
le trône ; sous ce rapport, il est convenable qu'il soit placé à quelque
distance des événemens dont il s'occupe.

Mais les révolutions ne sont pas
des événemens ordinaires dont les
circonstances simples et uniformes,
la marche suivie et naturelle, le développement successif et prononcé
ne se présentent que d'une seule

manière. Lorsque toutes les passions sont exaltées en sens contraire, que tous les rapports sont méconnus ; que les notions niême du juste et de l'injuste deviennent problématiques, ne sait-on pas que le parti victorieux arrange les événemens et leurs causes comme il lui convient, force ses ennemis au silence, et brise la plume de l'écrivain dont la poitrine n'est pas garnie de la triple cuirasse dont parle un poëte latin.

En vain *Mercier*, dans un livre intitulé *Nouveau Paris*, nous promet un *tacite* qui, avec de nouveaux documens, nous dira jusqu'à quel point les agens de la révolution furent des *pantins* obéissans, qui ne connaissaient pas eux-mêmes le ressort qui les faisait agir.

Ces documens ne sauraient se trouver que chez les contemporains. Si

les contemporains ont été trompés
ou trompeurs, l'erreur s'accréditera
de siècle en siècle. Les agens d'un
aussi étrange phénomène que celui
d'une totale révolution dans le gouvernement d'un grand peuple, plus
mobiles que leurs actions, échappent
presque toujours à l'œil qui les observe avec le plus d'attention, de
sorte qu'on doute quelquefois soi-
même de la vérité des événemens
inconcevables dont on a été témoin.
Dès que l'enchaînement révolutionnaire échappe souvent aux contemporains, comment, dans la suite,
les historiens franchiront-ils les
routes tortueuses de ce labyrinthe, si
le fil d'*Ariane* ne guide leur marche
incertaine. Les ailes d'Icare les conduiraient à un naufrage inévitable.

La révolution française est une
de ces grandes commotions politi-

ques, qui, se liant peu au passé ne peuvent être présentées aux siècles futurs que par ceux qui furent témoins de leur tissu presque inextricable. Les hommes qui jouèrent un rôle dans ce drame tragique, sont sans doute suspects, parce qu'il leur est presque impossible d'éviter l'influence de leur propre opinion ; mais cette suspicion ne saurait raisonnablement atteindre le philosophe solitaire, constamment et absolument étranger à la moralité des événemens dont il réunit le tableau.

L'histoire même des tems tranquilles ne fut jamais écrite avec plus de vérité que par des contemporains. *Xénophon*, *Thucydide* et *Polybe*, parmi les anciens ; de *Thou*, *Paul Jove* et *Guichardin*, parmi les modernes, nous ont transmis les évé-

nemens dont ils furent témoins ;
leurs livres, respectés par les tems,
sont lus de préférence à ceux des
auteurs qui écrivirent dans la suite.

On m'a fait un autre reproche,
c'est de ne m'être pas prononcé en
faveur d'un des partis dont les manœuvres bouleversèrent la France,
sous le prétexte des anciennes ou des
nouvelles institutions. Mais, n'est-il
pas évident que la moindre partialité
de ma part, indigne d'un historien,
m'eût enlevé la confiance d'un public éclairé. Cependant je ne gardais
pas exactement la neutralité dont on
m'accusait. Cet acharnement inconcevable avec lequel je fus poursuivi
par les désorganisateurs de tous les
partis, et avec lequel décochant
contre moi toutes les flèches de la
vengeance, ils abreuvent d'amer-
tume le déclin de mes années, an-

nonce assez que mes opinions révolutionnaires ou anti-révolutionnaires
leur étaient connues, malgré mon
extrême attention à les voiler de mon
mieux dans mes ouvrages et dans
mes discours.

Les uns me traitaient de *chouan*,
les autres de *jacobin*. Cette accusation biforme fut plusieurs fois sur
le point de me coûter la vie (1);

---

(1) Des circonstances singulières me sauvèrent
la vie durant les massacres de septembre 1792,
après la journée du 13 vendémiaire 1795 et le 18
fructidor 1797. Dans la première occasion, je me
trouvais par hasard à la campagne, lorsqu'une pa-
trouille, envoyée par le comité de surveillance de
la municipalité de Paris, vint pour m'arrêter durant
la nuit du 29 au 30 août, et me conduire aux Carmes.
Dans la seconde, ceux qui lancèrent un mandat
d'arrêt contre moi, me donnèrent la qualification de
président de l'assemblée primaire de la section de la
Cité, que je n'avais pas ; ce qui me fournit le moyen
de me faire décharger d'accusation par la commission militaire. Dans la troisième, j'avais abandonné,
depuis plusieurs mois, la rédaction du journal de

cependant je la repoussais avec toute
l'adresse dont je pouvais faire usage
sans trahir mes sentimens.

Mon Histoire de la Révolution est
un monument de mon vœu en faveur de la liberté de mon pays. Mais,
convaincu des bornes placées par les
convenances sociales entre la liberté
et la licence, l'égalité et les relations
qui enlacent les hommes en société,
j'admettais l'égalité de droit, mais
non l'égalité de fait : je pensais que
tous ceux qui ont fourni la même
mise dans la société, pouvaient partager le droit de la gouverner, comme
une banque est régie par ses action-
naires ; mais je n'étendais pas ce droit

Mercier ; les proscripteurs ne purent me comprendre
parmi les journalistes envoyés par eux à Cayenne.
L'un d'eux me dit en propres termes : Vous êtes bien
heureux, nous n'avons pas pu vous perdre.

à celui dont la conduite n'est pas garantie par sa fortune.

Aurais-je admis l'égalité entre le
maître et le valet? aurais-je admis
au gouvernement de l'Etat, ce qu'on
appelait les *Sans-culottes?* L'homme
sans état et sans fortune, doit vivre
sous la protection des propriétaires,
ce n'est pas à lui à faire la loi.
L'idée du *sans-culotisme*, non moins
vile que son expression, me paraissait l'égout de toutes les idées ab-
jectes, puisqu'elle exprimait le dénuement physique, provenant du
dénuement moral. Le *sans-culotte*
est le pauvre d'ame, défini par *Pla-*
ton: une bête féroce et puante. Le
pauvre qui travaille, cesse bientôt
de l'être. Celui-là mérite une protection spéciale; mais le *sans-culotte* est
le plus dégradé des êtres. Les anarchistes sortis, pour la plupart, de la

classe la plus abjecte et la plus gros-
sière de la nation, ne pouvant fournir des sujets assez élevés pour les
emplois publics, avaient avili les
places pour se mettre de niveau. Les
ministres et les législateurs affectant
l'extérieur le plus malpropre, faisaient leur cour à la populace des
faubourgs de Paris, en s'assimilant
à elle. Les bureaux ministériels se
peuplaient des gens les plus ineptes.
On voyait des commis qui ne savaient pas écrire. Ils affectaient le
langage des halles et des manières
ridicules auxquelles on donnait le
nom de *civisme*.

Dénaturer le caractère national
par la dégradation du costume et du
langage, fut une conception profonde de ceux qui voulaient niveler
l'espèce humaine sur le plus bas de
ses degrés ; mais cette opération ne

me paraissait pas devoir affermir la
liberté en France. L'égalité, fille de la
loi, était devenue un niveau sanglant
promené sur toutes les têtes. Ainsi
un ancien tyran étendait sur un lit
de fer tous les étrangers que le sort
conduisait chez lui, et par des tor-
tures, les faisait réduire à la mesure
de ce lit.

Sous un prétendu gouvernement
démocratique, tous les droits civils
ou politiques étaient ébranlés, ou
même détruits; toute nuance s'effa-
çait entre les divers pouvoirs. La
nation se trouvait divisée entre deux
castes; les pauvres, privilégiés, les
riches, proscrits. On voyait les propriétés violées sans ménagement ;
les asiles domestiques livrés à une in-
quisition tyrannique; les formes de
la justice dépouillées de tout sentiment d'humanité et de bonne foi; la

France couverte de scellés, de prisons, d'échafauds; tous les excès de l'anarchie se choquant avec fracas dans une multitude confuse de comités de tous les noms et de tous les genres; la terreur et la consternation dans toutes les ames; dans l'intérieur des maisons, le deuil universel, et dans les lieux publics, le silence des tombeaux. Pouvais-je reconnaître une république dans cet étrange système qui dévorait les hommes et les choses.

Je n'examinerai pas si la liberté et la propriété des individus sont plus assurées dans une monarchie que dans une république; mais j'observerai que tous les publicistes, et *Montesquieu* comme les autres, ne se sont pas entendu, ou n'ont pas voulu qu'on les entendît, lorsqu'ils ont expliqués les principes des divers gouver-

nemens. Il résulte de leurs raisonnemens que le terme de république est
un mot vague employé pour désigner
des gouvernemens n'ayant ensemble
aucune ressemblance.

On donnait à Venise le nom de
république; cependant le peuple n'y
prenait aucune part active à la confection des lois; il était aussi asservi
que dans les Etats regardés comme
les plus despotiques. La différence
entre le gouvernement vénitien et
celui de Copenhague, consistait en
ce que dans l'un la puissance arbitraire résidait sur la tête du chef de
la dynastie royale, et dans l'autre,
sur celle de tous les patriciens. Ici
se trouvait la monarchie d'un corps,
et là, la monarchie d'un homme.
Ces deux genres de monarchie différaient, quant au mode de leur exercice, mais leur effet était le même

sur la masse du peuple gouverné.

Le mot république, *respublica*, signifie la chose de tous, la chose du public. Le gouvernement n'était pas la chose de tous à Venise, mais la chose des seuls patriciens. On ne peut regarder comme une république, qu'un Etat où le corps entier du peuple par lui - même, ou par ses représentans amovibles et responsables, détermine les lois auxquelles chacun doit obéir, quelle que soit la forme du gouvernement de cet Etat. La législation est la chose de tous, (1) *respublica*.

J'appelle donc république, nous dit Jean - Jacques Rousseau, tout

_____

(1) *Lex sola distinguit respublicas a tyrannide quæ non modo in dominatione unius, sed in imperio paucorum et universæ plebis deprehenditur, quando pro legibus imperant hominum voluntates.* GRAVINA *de legibus.* Cap. 16.

Etat régi par des lois faites par le peuple, sous quelque forme d'administration que ce puisse être ; car alors seulement l'intérêt public gouverne, et la chose publique est quelque chose.

D'après ces principes, parmi les anciens peuples, Sparte, gouvernée par deux rois, était une république ; et parmi les peuples modernes, la Grande-Bretagne est une république gouvernée par un roi.

Qu'aucune corporation ne puisse opprimer les autres sous les rapports civils ou religieux, que tous les chefs de famille jouissent des mêmes droits et soient soumis aux mêmes devoirs ; que la loi soit l'expression de la volonté générale librement exprimée par le peuple ou par les représentans ; qu'elle gouverne despotiquement ; ce gouvernement heureux sera la

chose de tous, la république, *respu-*
… … … …

Il importe peu que son suprême
magistrat porte le nom d'Archonte,
de Suffète, de Consul, d'Ephore, de
Roi ou d'Empereur. L'expérience a
démontré que la France ne saurait
être gouvernée démocratiquement,
mais elle peut former une république mixte, et sous ce mode d'administration, atteindre au comble de la
puissance et de la prospérité. Voilà
ce qu'on ne pouvait dire en termes
précis sous le régime de la convention, sans signer soi-même son arrêt
de mort. J'ai présenté ces principes
dans monHistoire de la Révolution,
en les enveloppant de voiles plus ou
moins transparens pour éviter la hache révolutionnaire; mais disséminés, et en quelque sorte délayés dans
un grand ouvrage,ils perdent pres-

2

que tout leur intérêt. Je les réunis en faisceau, en leur donnant le développement convenable aujourd'hui, où il m'est permis de m'expliquer à ce sujet, sans craindre d'être traîné devant un tribunal révolutionnaire par *Marat* ou par *Robespierre*, lesquels n'étaient assurément ni républicains ni royalistes.

DISCOURS

PRÉLIMINAIRE.

~~~~~~~~~~

L'HOMME trompé par ses passions, par ses préjugés, par la discordance des intérêts qui se croisent perpétuellement autour de lui, semble livré par la nature aux vaines illusions.

Pour diriger sa marche incertaine dans le labyrinthe de la vie, la religion et la philosophie lui présentent un double flambeau. Le but de l'une est de purifier son âme, celui de l'autre d'éclairer son esprit. On ne saurait apprécier les bienfaits de toutes les deux. Mais sur la planète que nous habitons, on dirait qu'une main invisible s'occupe sans cesse à mêler, à broyer ensemble le bien et le mal. Ainsi, selon les Orientaux, le barbare *Arimane* versait perpétuellement la coupe du malheur au milieu des bienfaits que l'auteur de la nature avait départis aux hommes. Les choses excellentes sont précisément celles dont l'abus peut devenir le plus préjudiciable (1).

On est convenu de donner le nom de philosophisme à l'abus de la philosophie, comme celui de fanatisme à l'abus de la religion. Accuser la religion des malheurs incalculables causés par le fanatisme, serait sans doute l'excès de la déraison et de l'injustice. Ceux-là se croient-ils moins exempts de reproche, dont les vains efforts, dans la vue de nous ramener aux ténèbres du douzième siècle, tendent sans cesse à confondre les travaux infiniment honorables, infiniment utiles des philosophes, avec l'absurde logomachie de quelques sophistes captieux également ennemis des idées religieuses, des lois, des mœurs, des gouvernemens.

_____

(1) *Corruptio optimi pessima.*

La révolution de France, sans modèle dans les annales du monde, étonnera long-tems les observateurs, autant par les rapports incalculables de ses principes et de ses conséquences, que par l'incohérence de sa marche et la prodigieuse variété de ses accidens. Ceux qui en dirigèrent les premiers pas, n'en prévirent point les résultats. Non-seulement ils n'en surent ni maîtriser, ni seulement saisir et apprécier les avantages et les désavantages, mais presque tous périrent au milieu des convulsions dont ils étaient eux-mêmes les auteurs, faisant une terrible expérience du danger des institutions les plus libérales, établies sans choix et sans modération. La révolution de France, mieux conduite, au lieu de bouleverser l'Europe, devait perfectionner les gouvernemens, et rendre les hommes plus éclairés, plus sages et plus heureux.

On a peint les hommes en butte à tous les fléaux, à tous les travers, à tous les vices, se dévorant dans la guerre, se trompant dans la paix, marchant de calamités en calamités; alternativement fourbes ou méchans, bourreaux ou victimes, et la vie humaine comme une vaste scène de brigandage abandonnée à la fortune.

S'il en est ainsi, éteignons le flambeau des arts, brisons nos institutions sociales, abandonnons nos villes, nos propriétés, nos habitudes, et nous laissant conduire par les conseils de Jean-Jacques *Rousseau*, courons dans les contrées les plus désertes pour y vivre et pour y mourir sous les lois de la nature, sans affections, sans désirs, sans prévoyance, privés des douceurs de l'amitié et de l'assistance humaine, et méritant à ce prix une éternelle indépendance.

Mais les hommes trop souvent opprimés par ceux auxquels ils avaient confié le soin de les rendre heureux, furent encore calomniés par les écrivains qui devaient les instruire. Non, la férocité naturelle au tigre n'est pas l'apanage de la race humaine. On a trop souvent transformé des passions particulières en passions générales, et les crimes d'un petit nombre d'individus en accusations contre la totalité des hommes.

L'homme occupé de l'établissement de sa famille, ou de chercher le bonheur sur la route de l'industrie ou des jouissances, loin d'avoir préparé les fléaux qui désolent le monde, en est ordinairement la victime. L'homme est un être inconstant, irrésolu, impatient, emporté, mais en même tems sensible, généreux, compatissant. Son ame, capable de s'exalter jusqu'à la plus sublime énergie, s'ouvre délicieusement aux sentimens de bienfaisance, d'activité, de perfection. Ami de l'ordre et de la paix, autant que du repos, et satisfait de gouverner sa famille et ses affaires, l'expérience de tous les siècles prouve qu'il dépose volontiers la puissance publique dans les mains de ceux auxquels il suppose plus de talens, de courage et de vertu. Sa munificence les entoure des plus flatteuses prérogatives, et dans l'espoir de la sollicitude tutélaire qu'il attend d'eux en échange des biens dont il les entoure, on le voit s'incliner devant l'idole fabriquée par ses mains, et s'endormir dans une confiance profonde.

Heureuses les nations lorsque, des mains fermes et généreuses furent chargées de leurs destinées! La terre jouit du bonheur sous le gouvernement des *Trajan*, des *Antonin*, des *Marc-Aurele* ; la philosophie était alors assise sur le trône. Mais lorsque, sous les *Domitien*, les *Commode*, les *Caracalla*, l'affreux despotisme pesa sur la tête des peuples, ils soulevèrent leurs chaînes, comme les géans ensevelis par Jupiter sous de profonds abîmes ébranlaient par leurs efforts réunis l'Olympe et le Pélion.

L'instruction publique et la force de l'opinion reine du monde, se composent d'une grande circulation d'idées. Les principes de dissolution qui ont bouleversé la France, ne sauraient excuser le silence de l'homme instruit. Ceux-là ne méritent pas la protection d'un gouvernement bienfaisant et réparateur, qui ne le secondent pas de toutes leurs facultés dans ses efforts pour raffermir les bases du système social. Le despotisme est un glaive à deux tranchans; après avoir tout détruit autour de lui, il finit par se détruire lui-même. La force et l'énergie fondent les empires, la prudence et la justice les consolident, la faiblesse et les exactions les précipitent vers leur ruine.

La France, courbée depuis plusieurs siècles sous tous les genres d'oppression, écrasée par des dettes énormes et d'intolérables impôts, menacée d'un avenir plus déplorable encore, traînée par l'infortune et l'humiliation sur les bords de l'abîme du néant, offrit au monde le spectacle le plus imposant, lorsque, sacrifiant sa tranquillité présente à sa félicité future, renonçant tout à coup aux convenances qui résultaient de son ancien système social, elle bri-

sait tous les chaînons de ses institutions usés par leur vétusté, dénaturés
par les abus, condamnés par la voix
publique, ou contraires aux grands
principes du droit naturel, et s'em-
bellissant des feux de la jeunesse, on
la vit se placer fièrement dans le
rang que lui destinait la nature.
L'ame de l'observateur, subjuguée
par le magique tableau d'un si étrange
renversement, le comparait à ces
incroyables convulsions physiques,
dont les effets attestés par l'histoire
naturelle, changèrent autrefois la
configuration extérieure du globe
terrestre.

Mais cet événement colossal fut
accompagné des plus déchirantes
circonstances; on en conclut qu'il
était condamnable par les lois phi-
lantropiques de la morale universelle. Mais il fut préparé par les
écrits des plus grands génies; on en
conclut que ces grands génies sont
responsables des affreuses subver-
sions produites par le mouvement
révolutionnaire. Mais ces écrits

avaient été dictés par les principes philosophiques; on en conclut que les philosophes sont les ennemis des peuples et des monarques, des esprits turbulens auxquels toute police est à charge. Ainsi l'enfant appelle drogue empoisonnée la médecine salutaire qui lui eût rendu la santé. Ainsi des nouveaux *Erostrates* voudraient brûler les ouvrages immortels des Mabli, des Condillac, des Buffon, des Voltaire, des Rousseau, des Raynal, des Diderot, des Dalembert, des Fénélon, des Montesquieu, des Freret, des Helvétius, des Bailli, des Condorcet, des Boulanger, des Marmontel, et de cette réunion d'hommes illustres dont les lumières, imprimant un nouveau caractère aux sciences et à la littérature, transmettront aux tems les plus éloignés la gloire du dix-huitième siècle.

Avec une égale mauvaise foi, des fanatiques attribuent aux philosophes les malheurs de la révolution, et des sophistes attribuèrent à la religion la Saint-Barthelemi et les dragonades.

On sait que *Robert*, successeur d'*Hugues Capet*, dans le dessein d'augmenter sa puissance, avait épousé *Berthe*, héritière du royaume de Bourgogne. Elle était sa parente au quatrième degré. Ce mariage fut célébré en présence et avec l'approbation d'un grand nombre d'évêques, quoique le président Hénault assure le contraire dans son Abrégé chronologique. Grégoire V, plus pieux qu'éclairé, ayant excommunié dans un concile les prélats français, dont les dispenses avaient autorisé cet hymen (1), ordonna aux deux époux de se séparer, sous peine d'anathème.

L'absurdité de ce décret paraît inconcevable aujourd'hui, où tous les jours de semblables dispenses étaient accordées par les évêques sans la moindre réclamation de la part de la Cour romaine. Cependant on aurait tort de mettre cette sentence sur le compte de l'aveugle superstition

_____

(1) Conc. de Rom., tom. 9.

qui régnait dans ce siècle; ceux qui
en ont scruté les ténébreuses annales, savent que cette générale impé-
ritie s'alliait avec beaucoup de politique particulière. Les grands vassaux
de la couronne de France, parmi lesquels on comptait des prélats, ayant
usurpé la souveraineté dans leurs terres, n'avaient-ils pas l'intérêt le plus
pressant d'empêcher que le roi ne
devînt assez puissant pour faire valoir les droits de la couronne?

On n'eut d'abord aucun égard à
Paris à la sentence de Rome (1); mais
Grégoire ayant jeté un interdit sur la
France entière, la lugubre solennité
avec laquelle cette censure insolite
fut fulminée dans les églises, alarma
les consciences, jamais la superstition ne se montra plus insensée. Les
moines publiaient que la reine en punition de son inceste prétendu, avait
mis au monde un monstre à tête d'oie.
Cette fable s'accrédita parmi le

_____

(1) *Pier. Dam.* 402.

peuple d'autant plus avide de merveilleux qu'il est plus ignorant; les historiens la répétèrent, et le jésuite *Daniel* n'eut pas honte de l'adopter. Les courtisans, conduits par des vues politiques autant que pour obéir aux préjugés religieux, rompaient tout commerce avec le roi. A peine voyait-on auprès de lui quelques domestiques tellement frappés de terreur, qu'ils jetaient au feu les restes de ses repas, comme si la main d'un excommunié leur eût communiqué, en les touchant, un caractère nuisible. *Robert*, craignant un abandon général, se vit contraint de se séparer de sa femme. Il épousa *Constance*, fille du comte de Provence. Alors s'évanouit l'espoir dont ce monarque s'était flatté, de voir le royaume de Bourgogne uni à la France par les suites d'un heureux hymenée.

Assurément la religion ne fut pas le principe d'un événement également immoral et impolitique. Nous regardons en pitié les peuples qui, dans les siècles d'une barbare et superstitieuse démence, furent les témoins ou les victimes des empiétemens sanguinaires de la juridiction ecclésiastique sur la juridiction civile. Rendons grace au bonheur qui nous a placés dans un siècle éclairé par le flambeau de la philosophie ; mais n'oublions pas que sous Louis XIII, Urbain *Grandier* fut brûlé vif, accusé d'être sorcier; que dans les beaux jours de Louis XIV, un prêtre regardé comme magicien, expia sur l'échafaud ce crime imaginaire, et que dans les premières années du dix - huitième siècle, le parlement de Provence fut sur le point de se flétrir lui-même en prononçant une semblable condamnation contre un jésuite qui n'était pas sorcier sans doute.

Malgré le développement de nos connaissances, la folie assiége encore la sagesse, et ce n'est qu'avec les plus péniblesefforts que la sagesse repousse les assauts qui lui sont donnés.

Offrons donc à la religion le

tribut de notre reconnaissance, en
combattant sans cesse la superstition
et le fanatisme, capables d'embraser
le monde de tous les feux de la discorde, et rendons la même justice
à la philosophie et aux philosophes,
en détestant de faux et absurdes raisonnemens à l'aide desquels, par un
vain cliquetis de paroles entortillées,
les plus fourbes des hommes versè-
rent sur la France tous les malheurs
de l'anarchie.

Dans toutes les circonstances, les
intrigans furent le fléau de la société,
surtout ceux qui, étant nés sans fortune, sont intéressés à des bouleyer-
semens dont ils peuvent tirer avantage. A peine retenus par des lois
réprimantes, lorsque sous une administration tranquille les rênes du
gouvernement sont tenues par des
mains fermes et respectées; ils triom-
phent au sein des désordres publics.
Leur cerveau organisé pour le crime,
enfante sans peine les conceptions
les plus révoltantes. Combinant avec
un art perfide la marche des passions

humaines, il leur est aisé, en employant des sophismes dont la multitude ne saurait démêler la fausseté, de confondre les idées morales, d'armer les pauvres contre les riches, de briser les liens insensibles autant que nécessaires pour unir une grande nation vivant en rapports de besoins et de jouissance, d'industrie et de consommation. La conséquence naturelle d'une révolution est de produire de pareils hommes.

Les bouleversemens survenus dans un Etat, servent, dit-on, à mettre chaque individu à sa place. Cette assertion est démentie par l'expérience de toutes les révolutions. Dans tous les tems, les hommes les plus éclairés et les plus dignes des grandes places, attendirent comme *Cincinnatus*, que la voix publique les tirât de leur solitude. Cette disposition est surtout générale au milieu des vastes commotions populaires, et lorsque tous les ressorts de l'Etat sont brisés. L'homme le plus instruit est précisément celui qui apprécie le mieux les connaissances qui lui manquent, il s'enveloppe d'une prudente obscurité. La carrière politique est livrée aux hommes qui ne doutent de rien.

Celui qui, dans le sein d'une société parfaitement organisée, coule doucement ses jours sous l'empire tutélaire des lois, conçoit à peine les horribles excès dont les hommes sont capables quand leur masse est soulevée par des causes qui souvent leur sont inconnues, et par les perfides insinuations des scélérats consommés qui spéculent sur la misère publique, et qui se rendent momentanément les idoles de la multitude en achetant de sa misère et de son inexpérience, les crimes qui leur sont utiles.

Tels furent les aveugles instrumens des passions de Cromwel, connus sous le nom de frères rouges, de niveleurs, d'applanisseurs, de *Levellers*, et parmi nous sous celui de sans-culottes, d'anarchistes, de buveurs de sang, de *Jacobins*.

On se demande de quelle espèce étaient ces hommes qui bouleversèrent la France avec tant de facilité. Le bon abbé de *Saint-Pierre* disait un jour : Je ne sais si *Caligula*, *Domitien*, *Muley-Ismaël* et *Aureng-Zeb* étaient des dieux, je sais seulement qu'ils n'étaient pas des hommes. Je dirai volontiers de même. Je ne connais pas les secrètes combinaisons qui dirigèrent la conduite des *Marat*, des *Robespierre*, des *Carrier*, des *Lebon*, des *Danton*, mais assurément ce ne furent pas celles de la philosophie. Pour prouver cette vérité, il suffit d'observer que la classe de la société à laquelle ils firent la guerre avec le plus d'acharnement, fut celle des hommes instruits, et qu'il entrait dans leur vaste plan de destruction, de plonger la France dans les ténèbres les plus profondes de l'ignorance.

Les philosophes du dix-huitième siècle prévirent la révolution. Ils en développèrent le germe. En conclure qu'ils sont responsables de la dévastation générale dont nous avons été témoins, c'est aussi mal raisonner que si on accusait un médecin d'homicide, pour avoir assuré un malade qui mangeait trop, qu'il mourrait d'indigestion.

Lorsque Louis XIV épuisa, par ses guerres perpétuelles et inconsidérées, le sang et les trésors des Français, il jeta sur le sol de la France les germes du bouleversement qui devait écraser sa postérité! Et lorsqu'à l'épuisement produit par des hostilités ruineuses il ajouta une persécution également tyrannique et absurde, envers les protestans, et qu'il força deux millions de Français laborieux et paisibles à porter au dehors leur industrie et leur numéraire, il hâta lui-même le développement de ces germes délétéres. Ils poussèrent de nouveaux rejettons à mesure que le régent, secouant les grelots de la folie, avilissait par ses débauches, la dignité royale, et ébranlait les fortunes particulières par le système de l'empirique *Law.*

Mais le désir d'un nouvel ordre de choses, s'empara d'un grand nombre de têtes, lorsque Louis XV, au lieu de s'appliquer à fermer les plaies faites à l'État par Louis XIV et par le régent, abandonnait les rênes du gouvernement à des mains inexpérimentées ou perfides, s'endormait lâchement au sein de la mollesse, passait sa vie dans des orgies crapuleuses, et se consolait de sa nullité politique et de celle de la France, en disant : Je mourrai roi, mais je ne garantis pas la couronne sur la tête de mes petits-enfans. Ce désir, cet espoir d'un changement expliquent ces troubles civils et religieux qui, sous des symptômes divers, signalèrent perpétuellement, ce règne faible et orageux.

Louis XVI, sans avoir été formé par l'expérience, monta sur un trône que l'homme le plus consommé dans l'art de régner aurait rempli difficilement dans les circonstances où se trouvait la France. Si la simplicité,

les vertus domestiques, le respect
pour les mœurs, la facilité du caractère et de désir de rendre les Français heureux et la France florissante,
avaient suffi pour rendre quelque
souplesse aux ressorts usés et ver-
moulus d'un gouvernement caduc,
Louis XVI aurait opéré ce prodige;
mais le mal était devenu extrême,
il eût fallu pour le guérir un médecin
plus habile. Louis XVI, élevé par le
plus inepte des instituteurs, montra
encore plus de faiblesse, plus de pusillanimité que Louis XV; incapable
d'aucune conception grande et sage,
il se perdit dans un labyrinthe de
vues étroites et incohérentes, de démarches fausses et imprudentes, de
résolutions vacillantes et versatiles;
et se livrant à *Necker*, aussi empirique que *Law*, il écrasa la fortune
publique sous des emprunts sans mesure : alors devint nécessaire un changement préparé par un siècle de folie
et de corruption, par l'affaiblisse-
ment et la désunion des ressorts de
l'État, par l'avilissement du pouvoir,

par le sentiment profond des maux publics, et par l'espoir d'une salutaire régénération.

Personne n'était content en France sous le règne de Louis XVI. Non-seulement les hommes éclairés, dans toutes les villes grandes ou petites, désiraient que les obstacles qui gênaient leur ambition fussent aplanis; non-seulement les habitans des campagnes réclamaient plus d'aisance et de liberté; mais le même esprit d'inquiétude régnait dans les classes supérieures du clergé, de la noblesse, de la magistrature et des finances. Toutes les humeurs du corps politique fermentaient en même tems. La noblesse des provinces souffrait avec impatience les distinctions accordées par l'usage à la noblesse de cour; le clergé inférieur haïssait le haut clergé; la magistrature se partageait; aucune subordination ne se montrait dans les armées, surtout parmi les chefs; les grands vivaient dans un état de dégradation; l'immoralité infectait les premiers ordres;

ils avaient secoué, presque publiquement, le joug sacré de la religion, sans lequel les hommes ne
vivront jamais en société, et sans
lequel il est encore bien moins possible qu'une grande nation soit gouvernée ou se gouverne elle-même.
C'était une pluie de vices, point
d'asile ne s'offrait à la vertu. La révolution fut le résultat de cette fatale
disposition des choses, et non des ouvrages philosophiques du dix-huitième siècle, dont l'effet en instruisant
les gouvernans de l'urgente nécessité
de corriger les abus amoncelés, devait au contraire prévenir la chute
de l'ancien gouvernement, si la plus
grande partie de ceux auxquels les
abus étaient utiles, avaient entendu
leurs véritables intérêts.

Ces leçons furent données aux rois
et aux peuples, sous les couleurs les
plus séduisantes. Jamais l'art d'écrire
ne brilla d'un éclat aussi vif, n'offrit
un assortiment aussi complet de variété, de finesse, de graces et de force.
Jamais l'éloquence ne réunit à d'aussi

brûlantes inspirations, une expression si touchante, une si puissante autorité. Les *Voltaire*, les *Rousseau*, les *Diderot*, les *Dalembert*, parlaient aux rois sans la moindre flatterie, et leur fierté plaisait aux princes les plus éclairés de l'Europe; ils attaquaient ouvertement les institutions vicieuses, et ils eurent pour disciples et pour défenseurs les hommes les plus recommandables parmi ceux qui profitaient du vice de ces institutions. Ils se mirent à la portée de toutes les classes de la société, et leur ingénieuse simplicité flatta jusqu'aux hommes obscurs, dont jusqu'alors les gens de lettres avaient dédaigné le suffrage.

Mes yeux ont été témoins des efforts combinés de quelques prélats, de quelques magistrats, et d'une cour vacillante et crédule pour arrêter les progrès de l'instruction publique. J'ai vu ceux qui honoraient la France par la beauté de leur génie et la profondeur de leurs vues, forcés par des trames odieuses de se cacher dans les antres de la terre, tandis que leurs livres instruisaient et consolaient les hommes.

La persécution est l'aliment des grandes âmes. Les regards de leurs concitoyens, l'horreur de l'esclavage, ces punitions mêmes qui prennent le caractère de récompenses lorsque les agens de l'autorité les infligent à ceux que la patrie honore, donnaient une vie plus active à leur enthousiasme. L'esprit public se formait et se fortifiait par leurs soins. Plusieurs d'entre eux, par la seule impulsion de leur génie, calculaient l'époque et les circonstances dans lesquelles la force des choses devait amener, en France, un nouveau gouvernement.

Ce que les philosophes firent alors, ils le feraient aujourd'hui dans les mêmes circonstances, et ils auraient grandement raison. Qu'on nous rende un monarque imbécile, une cour licencieuse, une magistrature vénale, une noblesse avilie, des lois tyranniques ; de nouveaux *Voltaires* s'imposeront encore la tâche honorable et dangereuse de combattre tant d'abus avec les armes du raisonnement et du ridicule.

Il est donc vrai que sous quelques rapports la philosophie produisit la révolution ; mais cette idée très-complexe a besoin d'être déterminée avec précision. La chaleur du soleil produit les orages ; mais c'est lorsque des vapeurs amoncelées ont troublé l'équilibre de l'air, qu'au feu de la foudre, la nature veut épurer les principes désorganisateurs qui ont troublé l'harmonie de ses lois.

Le soleil de la justice et du bonheur allait éclairer la France. Des monstres vomis par l'enfer s'emparèrent de cette crise morale, et surent en incliner les mouvemens au gré de leurs infernales conceptions.

Quelle vaste, quelle inconcevable extermination de la race humaine ! la terre couvre un million de cadavres. Un jour, en conduisant sa charrue, le laboureur surpris de soulever dans les champs des crânes humains, reculera d'épouvante. Le

souvenir de *Robespierre* effacera celui
de tous les monstres qui ont souillé
les annales du monde ; sa mémoire
abhorrée inspirera aux races futures
le frémissement de l'horreur. Son
nom devenu la plus cruelle injure
servira d'épouvantail aux tyrans. J'ai
vu la France couverte d'échafauds,
le sang humain coulant de toute part
et abreuvant une terre malheureuse,
pendant la plus affreuse et la plus déses-
pérante anarchie. Dans le tems où la
jeunesse française repoussait les attaques combinées de l'Europe entière,
la nation triomphante au dehors, était
menacée toute entière d'un anéantissement prochain, par un petit nombre
de vipères nourries dans son sein. Le
ressort du gouvernement de *Robespierre* était un sentiment de terreur,
s'appesantissant sur ses amis comme
sur ses ennemis. La postérité ne pourrait croire que son projet était de réduire le sol de la France à huit millions d'habitans, si cette épouvantable vérité n'était sortie de la bouche
des anarchistes que les vacillations du

mouvement révolutionnaire conduisaient de tems de tems à l'échafaud,
et qui dans ces derniers instans où
l'homme ne dissimule rien, dévoilaient les forfaits de leur chef et de
ses complices.

Pour parvenir à cet étrange résultat, les cités de France les plus riches
devaient être englouties les premières
dans le gouffre du néant. Le sceau
de la proscription fut mis sur Lyon,
sur Marseille, sur Bordeaux, sur
Nantes, sur Toulouse, sur Rouen;
après la destruction de ces villes célèbres par leur population et l'excellence de leur sol, les autres villes
moins considérables devaient bientôt
disparaître sous les torches des brigands stipendiés qui parcouraient
la France, sous le nom d'Armées
Révolutionnaires.

Paris, le centre de la révolution, se
croyait en vain à l'abri de cette destruction générale. Les anarchistes
ménageaient la population de cette
capitale, soulevée par eux à leur gré
pour l'exécution de leurs sanguinaires

desseins; mais de tems en tems ils laissaient apercevoir le sort qui lui était distiné!

Dans mille pamphlets répandus avec affectation, on répétait que les palais, asiles somptueux des arts, insultaient à la simplicité des mœurs républicaines. Les grandes villes, disait-on, sont la sentine de l'espèce humaine; elle s'y dégrade par le luxe, la mollesse et toutes les passions libidineuses. Il ne faut à des hommes libres que des cabanes répandues dans les champs, des armes, une charrue, quelques grossières manufactures et quelques arpens de terre. Dans ces retraites simples et agrestes, sans ambition, sans jalousie, sans crainte, sans désirs, les Français régénérés, devaient ramener dans leur patrie, au sein d'une heureuse et honorable pauvreté, les jours de l'âge d'Or.

Comment classer tant de forfaits dont le nom même était inconnu parmi nous? Comment peindre une anarchie sans frein comme sans vues politiques, qui détruisait les anciens

rapports sociaux sans leur en substituer d'autres ; une catastrophe générale au sein de laquelle toutes les
passions s'agitaient à la fois sur une
vaste contrée comme les vents sur la
surface des mers ; un chaos universel
dont l'action funeste, confondant
tous les élémens du monde moral,
ouvrait une vaste carrière aux agitateurs, qui profitaient du bouleversement de la fortune publique pour
établir leur fortune particulière ; toutes les conventions trompées ; des lois
abusives remontant vers le passé au
lieu de diriger l'avenir ; plusieurs mil-
lons d'hommes privés de leur liberté ;
les assassinats juridiques tenant lieu
de finances ; le commerce le plus florissant anéanti sous les taxes révolutionnaires ; la famine pâle et dévorante amenée par des prohibitions
insensées dans le pays le plus fertile
et le plus industrieux de l'univers :
d'un côté, le crime, dans toute sa lai-
deur, se jouant sans but, sans objet,
des idées morales pour tourmenter
les hommes ; de l'autre, la plus mi-

sérable lâcheté, la plus apathique insouciance, rampant aux pieds des
monstres les plus infâmes ; ici un
gouvernement parlant de liberté à
un peuple abattu sous le poids de ses
chaînes ; là, ce même peuple dansant
autour des échafauds sur lesquels on
l'assassinait en détail : tel fut durant
plusieurs années, l'aspect de la
France.

J'ai vu toutes les atrocités que le
despotisme, déguisé en démocratie,
peut accumuler sur une nation. Des
tribunaux d'égorgeurs établis dans
toutes les villes, les rues obstruées
par des charretées de victimes traînées chaque jour à la mort. Des fossés
larges et profonds, creusés pour en
dévorer les restes sanglans.

Dans un siècle éclairé du flambeau
de la philosophie, les bases antiques de
l'instruction publique se sont écrou-
lées en France. Les temples de la morale ont été fermés. Les autels d'une
religion consolatrice ont été détruits.
J'ai vu des êtres, moitié tigres, moitié
renards, un bonnet rouge sur la tête,

un bandeau sur les yeux, un poignard dans les mains, traîner dans la
fange les instrumens destinés au culte
public, forcer les ministres de la religion chrétienne, par l'aspect d'une
mort inévitable ou d'un isolement
pire que la mort, d'avilir leurs fonctions et leurs personnes, en se déclarant charlatans et trompeurs, et les
mêmes hommes qui venaient de brûler les temples et d'égorger les ministres qui les desservaient, offrir à la
vénération du peuple, le buste hideux
du plus sanguinaire des démagogues,
et par la plus inconcevable dérision,
après la chute du culte *Maratiste*,
s'affubler des couleurs nationales,
élever vers le ciel leurs mains teintes
de sang, et se proclamer les prêtres
d'un autre culte, auquel ils donnèrent le nom de théophilantro-
pique.

Le sol entier de la France présentait l'aspect redoutable d'un vol-
can immense, qui dévorait sa masse
et en rejetait les éclats sur les régions voisines. C'en était fait du

pays le plus fertile, le plus populeux, le plus éclairé, et le plus riche
du globe. En proie à toutes les horreurs que la perversité peut réunir
pour la destruction d'un empire, ses
lois, ses mœurs, sa force, son industrie, ses richesses et sa population allaient disparaître en même
tems, si l'on n'eût vu paraître parmi
nous un de ces hommes extraordinaires que la nature avare montre
rarement à la terre, dont le vaste
génie sait enchaîner les passions humaines, rendre à la vertu son tutélaire empire, et dont les mains
puissantes mettent en fuite le démon
des révolutions, brisent les torches
ardentes et les glaives homicides,
enchaînent la discorde et la mort.

Lorsque dans mon Histoire de la
Révolution j'insérai les réflexions que
je viens de soumettre au jugement
du public, et que j'ajoutai à ces remarques quelques principes incon-
testables sur le meilleur gouvernement qui puisse convenir à un grand
peuple, et sur les précautions au

moyen desquelles on eût prévenu la plus grande partie des malheurs dont nous avons été témoins, j'ajoutais que ces remarques et ces principes, qui forment la partie la plus intéressante de mon ouvrage, exigeaient un développement qui ferait la matière d'un livre particulier. J'avais rédigé ce livre avant la révolution, ou du moins, je n'y ai ajouté depuis que les chapitres dont la marche révolutionnaire exigeait l'addition.

J'eus peut-être rendu quelques services par la publication de ce livre, lorsque les pamphlets démagogiques de *Syeyes* et des autres *Solons* de cette espèce lançaient de toutes parts ces torches enflammées qui embrasèrent la France; mais ces pamphlets incandescens contenaient des vérités qu'on ne pouvait contredire. Avant de livrer mon ouvrage à l'impression, je voulus essayer de diminuer la haine qui se manifestait contre les deux premiers ordres auxquels j'appartenais, en proposant les moyens d'éteindre le *dé-*

ficit des finances qu'on leur attribuait généralement.

Je proposai au clergé, assemblé en 1788, de se charger du paiement de cinquante millions de rentes foncières ; au moyen de ce secours le déficit disparaissait à peu près. Les biens du clergé s'élevaient, en France, à cinq milliards, qui rendaient annuellement deux cents millions. D'après mon plan, le clergé eût aliéné pour un milliard deux cent cinquante millions de biens dans l'espace de vingt ans, sur le pied de cinquante millions par an.

On eût créé, sur-le-champ, pour un milliard de papier-monnaie, hypothéqué sur tous les biens du clergé ; chacun des coupons eût été de mille francs. La masse entière se divisait en vingt séries, selon le nombre des années durant lesquelles le papier devait être remboursé. Le sort aurait réglé l'époque des remboursemens. Une loterie tirée au commencement de chaque année, aurait indiqué la série dont le paiement allait être effectué. Avec ce papier, le roi eût, sur-le-champ, éteint cinquante millions de rentes foncières ; ce qui augmentait de cinquante millions le revenu de l'Etat.

Pour trouver ce milliard, je supprimais tous les moines rentés, en leur assurant des pensions convenables ; je supprimais en second lieu toutes les abbayes, tous les prieurés, tous les chapitres des églises collégiales, à mesure que les titulaires seraient venus à mourir. Troisièmement, je soumettais à de fortes réductions onze grands prieurés, ou bailliages, et deux cent quatorze commanderies que l'ordre de Malte possédait en France. Bien entendu que ces réductions auraient eu lieu après la mort des titulaires.

Les biens possédés par les moines en France, étaient évalués à seize cents millions : le quart de cette somme suffisait pour les pensions créées. Le clergé de France n'eût été composé au bout de vingt ans que des évêques, des chapitres cathédraux, des curés, des vicaires, des séminaires et de l'ordre de Malte, soumis à une forte réduction. Tous les moines étant supprimés avec des pensions raisonnables, et l'extinction des bénéfices séculiers devant suivre la mort des titulaires, personne ne pouvait raisonnablement se plaindre. Je possédais deux bénéfices considérables; il n'était pas contre mon intérêt de les perdre de cette manière.

Le prix des biens vendus se serait élevé au-dessus de la somme nécessaire pour rembourser le milliard emprunté; mais d'un côté il valait mieux évaluer un gage aussi essentiel au-dessous de sa valeur, que de tromper les prêteurs par une surhausse; de l'autre on désirait l'extinction de la dîme. Je proposais d'assujettir les propriétaires des biens sujets à cette redevance, à les racheter dans le terme de vingt ans. Ce revirement devait causer de grandes pertes au clergé par l'embarras de remplacer ces biens par d'autres; enfin, la somme excédante aurait payé la dette particulière du clergé et augmente la dotation des curés et des vicaires : tel était mon plan qui fut rejeté presque à l'unanimité.

A peine les états-généraux s'assemblaient, que les communes témoignaient ouvertement leur désir de s'emparer des biens du clergé pour payer les dettes publiques. Je fis imprimer mon projet sous ce titre : *Considérations sur le gouvernement qui convient à la France, et sur les moyens de rétablir les finances.* Je communiquai cette brochure aux évêques et à quelques autres ecclésiastiques de la Constituante avec lesquels j'étais en relation. Le clergé ne se croyait pas si près de sa chute. On prétendit que ma proposition, au lieu de rendre au clergé la confiance publique, augmenterait l'envie dont il était l'objet ; on m'engagea à ne pas la répandre. Il n'en fut distribué qu'un petit nombre d'exemplaires ; je fis le sacrifice des autres ; il ne m'en reste que deux.

Cependant, depuis que les com-

munes avaient rejeté les concessions
faites par le roi, dans la séance des
états de 23 juin 1789, la tranquillité
publique était troublée par des mains
invisibles. Les flammes dévoraient
les châteaux dans les provinces,
une fermentation inconcevable n'ad-
mettait aucun système auquel la
modération servît de base. L'ouvrage que je voulais publier, et
dont quelques articles se trouvaient
dans la brochure qui ne m'avait pas
réussi, me serait devenu funeste,
sans aucune utilité pour mon pays.
J'attendis des tems plus heureux.
Je le publie aujourd'hui, où chacun doit être convaincu qu'avec
grande raison, les cahiers des bailliages obligeaient de concert les députés de la Constituante, de conserver la royauté, comme centre du
gouvernement de France.

Voici les auteurs dont je me suis
servis pour la composition de mon
ouvrage:

Aristote, Politique, traduit du
grec.

La Biographie de *Naudée*, traduite du latin.

Traité de la Justice Universelle, de *Bacon*, traduit du latin.

Les Six Livres de la République, de *Bodin*.

Gouvernement Civil, de *Locke*, traduit de l'anglais.

Discours sur le Gouvernement, de *Sidney*, traduit de l'anglais.

Le prince de Machiavel.

Le Droit de la Nature et des Gens, de *Selden*, en latin.

Institution du Droit de la Nature et des Gens, de *Wolf*, en latin.

Le Droit de la Nature et des Gens, de *Puffendorf*, traduit du latin.

Le Droit de la Guerre et de la Paix, de *Grotius*, traduit du latin.

La Science de la Législation, par *Filangieri*.

L'Homme Moral, par *Lévêque*.

L'Esprit des Lois.

Le Contrat Social.

Les Droits et les Devoirs du Citoyen, par *Mabli.*

Paris, le 1er. mai 1807.

DESODOARDS.

ŒUVRES DE DESODOARDS.

1. Histoire de la Révolution, cinquième édition, 10 vol. in-8°., chez Belin, rue St.-Jacques, n°. 41, et Volland, quai des Augustins.

2. Continuation de l'Abrégé chronologique de l'Histoire de France, du président Hénault, depuis la mort de Louis XIV, jusqu'à la paix de Campo-Formio; troisième édition, 2 vol. in-8°., chez Fantin, quai des Grands-Augustins, n°. 55.

3. Histoire de France, sous le règne de Louis XV et de Louis XVI, deuxième édition, sous ce titre: *Louis XV et Louis XVI*, 5 vol. in-8°., chez Buisson, rue Gît-le-Cœur.

4. Histoire d'Italie, depuis la chute de la république Romaine, jusqu'aux premières années du dix-neuvième siècle, 9 vol. in-8°., chez Perlet et Dufour, rue de Tournon.

5. Histoire de Germanie, depuis les tems anciens jusqu'à la dislocation de l'Empire d'Allemagne et l'établissement de la confédération rhénane, sous la protection de l'Empereur des Français, 6 vol. in-8°., *sous presse.*

DE L'INSTITUTION
DES
SOCIÉTÉS POLITIQUES.

~~~~~~~~~~

CHAPITRE PREMIER.

Introduction.

JE cherche quel est le gouvernement le plus convenable à une nation très-riche, très-nombreuse et disséminée sur un vaste territoire. J'ai lu avec attention l'Esprit des Lois de *Montesquieu*, le Contrat Social de *Rousseau*, le Traité du droit de la paix et de la guerre de *Grotius*, tous les ouvrages politiques de *Hobbes*, de *Machiavel*, de *Bodin*, de *Puffendorf*, de *Sidney* et de plusieurs autres publicistes, sans trouver la solution de ce problème.

Depuis le conseil tenu dans Suze, par sept grands seigneurs de Perse, après le meurtre du mage *Smerdis*, cette question, discutée dans *Hérodote*, fut constamment décidée par le sentiment et les préjugés, plutôt que par l'analyse et le raisonnement.

Quel gouvernement, nous dit-on, que celui sous lequel le juste *Aristide* était banni, *Phocion* mis à mort, *Socrate* condamné à boire la ciguë, après avoir été berné par *Aristophane*; où les Amphictyons livrèrent la Grèce à *Philippe*, parce que les Phocéens avaient labouré un champ du domaine d'*Apollon* : mais les gouvernemens des monarchies voisines n'étaient-ils pas plus mauvais ?

Un républicain doit être plus attaché à sa patrie que le sujet d'un monarque à la sienne, par la raison qu'on préfère son bien à celui de son maître. Cette observation est très-judicieuse; cependant elle ne résout pas cette question politique : la masse entière d'une grande nation est-elle plus heureuse, chaque individu jouit-il plus tranquillement, et avec plus d'assurance, de ses propriétés et de la liberté civile, dans une république ou sous le gouvernement d'un seul ?

« Quand on demande absolument quel est le meilleur gouvernement, nous dit *Rousseau* (1), on fait une question indé-

_____

(1) Contrat Social, liv. 3, chap. 9.

terminée, ou si on veut, elle a autant de
bonnes solutions qu'il y a de combinaisons
possibles dans les positions absolues et rela-
tives des peuples ; mais si l'on demandait à
quels signes on peut connaître qu'un peuple
donné est bien ou mal gouverné, ce serait
autre chose. La question de fait pourrait
se résoudre.

» Cependant, on ne la résout point,
parce que chacun veut la résoudre à sa
manière : les sujets vantent la tranquillité
publique, les citoyens la liberté des particuliers ; l'un préfère la sûreté des possessions,
l'autre celle des personnes ; l'un veut que
le meilleur gouvernement soit le plus sévère,
l'autre soutient que c'est le plus doux ;
celui-ci veut qu'on punisse les crimes, celui-
là qu'on les prévienne ; l'un trouve beau
qu'on soit craint des voisins, l'autre aime
mieux qu'on en soit ignoré ; l'un est content
quand l'argent circule, l'autre exige que le
peuple ait du pain. Quand même on con-
viendrait sur tous ces points et sur d'autres
semblables, les quantités morales manquant
de mesures précises, fût-on d'accord sur
le signe, comment l'être sur l'estimation ?

» Pour moi, je m'étonne qu'on mécon-

naisse un signe aussi simple. Quelle est la
fin de l'association politique? c'est la conservation et la prospérité de ses membres; et
quel est le signe le plus sûr qu'ils se con-
servent et prospèrent? c'est leur population.
N'allez donc pas chercher ailleurs ce signe
si disputé. Toutes choses d'ailleurs égales ,
le gouvernement sous lequel le peuple diminue et dépérit, est le pire; calculateurs;
c'est maintenant votre affaire. Comptez, me-
surez, calculez. »

Rousseau n'a pas saisi la question dans son
véritable point de vue. Le pays le moins populeux de l'Europe est celui des provinces
sur lesquelles règne le Pontife romain. Si ce
gouvernement est mauvais, ce vice ne résulte
pas du plus ou du moins de liberté dont on
jouit à Rome, mais de plusieurs circonstances particulières. Les papes ne parviennent
ordinairement au trône que dans un âge
avancé. Privés de l'énergie nécessaire pour
régénérer le corps politique, ils se hâtent
d'enrichir leur famille et leurs créatures, en
laissant les choses dans l'état où ils les ont
trouvées. Malheur à celui d'entre eux qui aurait
le courage de changer les mœurs et les idées
du peuple. Obligé, pour arriver à ce but, de

corriger une foule d'abus, qui perpétuent la misère générale en assurant l'opulence des prélats romains, il marcherait sur des précipices, et bientôt on l'aurait mis hors d'état d'exécuter les plans conçus par lui.

Dans tous les gouvernemens, les lois peuvent être plus douces ou plus sévères, les peuples plus ou moins industrieux, les gouvernans plus ou moins dominés par l'esprit de guerre ou de conquête. Ces variétés tiennent plus aux mœurs, aux inclinations d'un peuple, qu'à la forme de son administration. Une grande population elle-même ne saurait rien préjuger en faveur des diverses institutions sociales. Si les habitans surabondent sur les montagnes helvétiennes et dans les marais bataves, la Turquie européenne, regardée comme un pays gouverné arbitrairement, n'est-elle pas comptée parmi les régions les plus peuplées de l'Europe ?

CHAPITRE II.

Parallèle entre les gouvernemens appelés démocratiques, aristocratiques et monarchiques.

Etre libres et rarement heureux, recevoir ou se donner des maîtres, passer par tous les degrés de la corruption et de la servitude, perdre en même tems ses mœurs et l'énergie publique, tandis que toutes les richesses s'amoncèlent dans un petit nombre de mains ; reconquérir de nouveau sa liberté, pour la reperdre encore : voilà l'histoire de tous les peuples du monde.

L'homme porte dans toutes ses institutions ce caractère de domination qui distingue essentiellement l'espèce humaine. Le désir de l'emporter sur les autres se rencontre également chez le magistrat qui gouverne une nation, chez le philosophe qui l'éclaire, chez le soldat qui la défend, chez le manufacturier qui l'habille, chez l'agriculteur qui la nourrit. Cet amour des préférences, pénètre dans toutes les familles, règle la conduite de tous les individus : chacun veut commander, personne n'obéit sans répugnance.

On nous parle du gouvernement de Sparte, comme d'un admirable système de législation. Cependant, des esclaves labouraient les champs des Spartiates. Non-seulement les malheureux *ilotes* étaient employés par leurs maîtres aux plus rudes travaux, mais on les traitait avec une barbarie sans exemple. Les ilotes formaient la plus nombreuse population de la Laconie. *Lycurgue*, en favorisant la partie du peuple qui gouvernait, faisait donc le malheur de la partie qui était gouvernée.

Je ne parlerai pas de plusieurs règlemens de *Lycurgue*, dont l'observation choque toutes les convenances sociales. *Platon*, *Plutarque*, *Xénophon*, nous assurent que ces lois firent, des Lacédémoniens, le peuple le plus heureux de la terre : à la bonne heure. Ce peuple était sans industrie, puisqu'on n'y connaissait que de la monnaie de fer. Je ne pense pas que ses institutions aient jamais pu convenir à une grande nation.

Si l'homme est né pour être libre, cet

5

avantage semble devoir se rencontrer de préférence dans la démocratie, où le peuple entier obéit aux lois faites par lui-même. Mais j'ouvre *Tacite*, il m'assure qu'il est plus aisé de célébrer la démocratie que de trouver un pays où la masse entière d'une nation ne soit pas dominée par le petit nombre (1), et que ce mode de gouvernement n'a jamais subsisté long-tems dans les pays où les circonstances ont permis de l'adopter.

En effet, comment tous les chefs de famille, dont se compose une nation disséminée sur une grande surface, pourront-ils correspondre ensemble? comment veilleront-ils à ce que leur volonté générale soit perpétuellement et ponctuellement exécutée. On cite les Comices de Rome. Ces assemblées furent constamment remplies de troubles, aussi long-tems que le peuple romain vécut dans Rome ou dans les cantons environnans. Dès qu'il s'étendit au loin, cette forme d'administration précipita les Romains sous le joug des *Césars*. Les ambi-

---

(1) *Reipublicæ forma potius laudari quam evenire et si evenit haud diuturna esse potest.*

tieux faisaient venir à leurs frais les peuples entiers dans Rome, les jours d'élection. Telle était la confusion des assemblées Comiciales, que *Cicéron* nous assure que de son tems on savait rarement si un plébiscite avait été admis ou rejeté par la majorité des votans. La volonté de quelques hommes puissans passait pour la volonté du peuple.

C'est ce dont nous avons été témoins durant la révolution. La plupart des individus, en sortant de leurs boutiques, de leurs ateliers, de leurs travaux champêtres, pour paraître aux assemblées communales, se demandaient mutuellement : que faut-il faire? à qui dois-je donner ma voix? et des gens apostés présentaient des listes arrêtées dans les cabarets voisins.

On est réduit au système des représentans. Mais une nation qui se fait représenter, ne marche-t-elle pas à grands pas vers l'aristocratie. La liberté politique se conserve par le seul équilibre des pouvoirs sagement combinés. Quelle barrière arrêtera un corps de représentans dépositaires de la fortune et de la force publique?—L'opinion... Ce corps la dirigera à son gré ! — Les réclamations générales; ce corps en arrêtera les

effets par des mesures répressives. Les représentans, dispensateurs de toutes les grâces,
ne sont-ils pas assurés d'avance de l'approbation de tous les intrigans qui se flattent
de s'élever en vendant leur conscience! —
Il faut les renouveler souvent. C'est fort
bien dit, si la chose est praticable; mais
l'exercice de cette opération politique, sans
laquelle la démocratie n'existe déjà plus,
dépend de la solution de ce problème :
quelle est la barrière capable d'arrêter un
corps de représentans dépositaires de la force
publique et des finances d'un grand État?

Si ce corps veut se perpétuer en place,
il lui est facile d'empêcher la tenue des
assemblées destinées à le renouveler : il se
fera prier de rester au timon de l'État, par
ses partisans achetés partout. Le premier
qui s'élèvera contre ce système, traité de
brouillon par toutes les plumes vénales,
intimidera par son châtiment ceux qui seraient tentés de l'imiter. Les sénateurs de
Venise mettaient entre eux et le peuple
Vénitien la même distance qui se trouve
ailleurs entre le monarque et ses sujets.
C'étaient pourtant, dans l'origine, de simples
représentans amovibles et comptables. Ils

s'emparèrent insensiblement de tous les pouvoirs du peuple, dont ils devaient être les organes. Les commis devinrent souverains, les commettans esclaves.

Il faut séparer les représentans, en corps législatif et en corps exécutif; ainsi fut fait à Venise. Les uns et les autres concentrèrent l'autorité, s'emparèrent de toutes les places, s'y perpétuèrent; les uns et les autres devinrent la caste gouvernante.

Il reste le parti extrême de l'insurrection. Le nouveau corps de représentans marchera bientôt sur les traces de celui auquel il succède, puisqu'il porte dans son sein le même principe de corruption, le défaut d'un contre-poids en état de borner sa puissance. Le peuple, alternativement oppresseur et opprimé, passera donc successivement de la servitude à l'anarchie, de l'anarchie à la servitude, jusqu'au tems où fatigué, excédé, il abandonnera le pouvoir suprême à ceux qui s'en sont emparés; alors le gouvernement devient aristocratique.

L'aristocratie héréditaire est celui de tous les gouvernemens où la tyrannie se montre sous les formes les plus méthodiques, et les plus humiliantes. Quel que soit l'orgueil d'un

despote, j'en suis quitte pour me courber
jusqu'à terre, s'il passe auprès de moi, ou
pour m'écarter. En ne me mêlant d'aucune
affaire publique, j'éviterai aisément toute
contestation avec ses favoris, ses maîtresses,
ses valets ; mais dans quel coin de terre,
sous un gouvernement aristocratique, pourrais-je me cacher, pour n'être pas perpétuellement froissé par la caste patricienne,
présente partout, importune partout.

Le despote ne saurait gouverner seul : il
lui faut des ministres, des généraux, des
magistrats, des financiers. Cette série d'in-
termédiaires lie, en quelque sorte, les
gouvernés au gouvernement. Il n'en est pas
ainsi dans un État aristocratique. Les nobles
se suffisent à eux-mêmes. Toutes les places,
grandes et petites, sont pour eux. Ils sont
tout, le peuple n'est rien, absolument rien ;
c'est un vil troupeau. Les bergers le nourrissent, le vendent, ou l'égorgent à leur
gré.

Ce gouvernement réunit, dit-on, la stabilité politique à la tranquillité intérieure ; je
le crois bien. Le calme dont on jouit sous
cette administration est l'immobilité des
forçats sur une galère.

Si les circonstances permettent au peuple de secouer un joug aussi accablant, il se jettera dans les bras d'un monarque absolu, comme firent les Danois dans le dix-septième siècle. Je préférerais le despotisme d'un seul au despotisme d'un corps de nobles.

CHAPITRE III.

La nature ne fit pas les hommes égaux
entre eux.

Sɪ tous les hommes jouissaient d'une égalité
de forces, d'industrie, de moyens, la liberté
politique pourrait subsister long-tems dans
les agrégations sociales. Mais la nature en
ordonna autrement. Dans toutes les sociétés
civilisées, la classe de ceux qui ne possèdent
rien est infiniment plus nombreuse que
celle entre les mains de laquelle se trouvent
les richesses territoriales et de convention.
Cette inégalité n'est pas un effet du hasard
ou des vices de l'agrégation sociale : elle
tient invinciblement au caractère des hommes, les uns laborieux et actifs, les autres
paresseux ; les uns robustes, les autres faibles ;
les uns prodigues, les autres économes.
Admettez une nouvelle distribution des
terres d'un vaste Empire entre toutes les
familles : l'égalité de moyens, résultante de
cette égalité de partage, sera de courte durée,
parce que vous n'avez pas donné en même

tems, aux copartageans, une égalité de forces et d'industrie.

La terre de l'homme actif et industrieux se couvrira de riches moissons, tandis que celle du négligent ne produira que des ronces. L'un améliorera son héritage, l'entourera de haies ou de fossés, y conduira des eaux vivifiantes, bâtira des granges, élevera des troupeaux; l'autre laissera la sienne dans un dénuement plus ou moins grand, selon le degré d'incurie qu'il tient de la nature. J'entre chez l'un et chez l'autre: d'un côté, j'aperçois l'image de l'abondance et du bonheur, de l'autre celle de l'embarras et de la misère. L'homme sobre, laborieux, robuste, possède du superflu, l'homme timide et nonchalant manque du nécessaire. Le besoin les rapproche, l'un emprunte de l'autre les choses dont il a besoin, et devient son débiteur: nouvelle relation qui diminue l'égalité primitive.

C'est bien pis, s'il survient une année calamiteuse ou d'autres événemens désastreux et inattendus. Celui qui mit des denrées en réserve, jouit des fruits de sa prudence; l'imprévoyant, pris au dépourvu, se trouve sans ressource pour nourrir sa famille

déjà chargée de dettes. Sa situation devient
plus fâcheuse. Bientôt, contraint de vendre
son héritage et désormais sans asile, il se
vendra lui-même à celui qui voudra l'acheter.

Si l'Être-suprême eût voulu que les
hommes fussent égaux entre eux, il leur eût
donné la même taille, la même force, la
même étendue d'intelligence, la même énergie de l'ame. On nous dit que les hommes
sont égaux, c'est-à-dire que les facultés humaines appartiennent également au *padisha*
des Ottomans et aux *bostangis* de son ha-
rem; que l'un comme les autres doivent disposer avec une égale liberté de leur famille,
ou du fruit de leur industrie : cela s'appelle
parler pour ne rien dire.

Le chêne, ornement des forêts, et l'humble
arbuste à peine aperçu au milieu des plantes
parasites qui l'étouffent, sont composés l'un
et l'autre de parties ligneuses, jouissent l'un
et l'autre des avantages de la végétation; ont
le même droit aux sucs de la terre; cependant
ces deux végétaux sont inégaux entre eux.

CHAPITRE IV.

*Preuve que les hommes ne sont pas égaux,
tirée de l'état de nature.*

Mais du moins, nous assure *Montesquieu*,
les hommes étaient égaux entre eux dans
l'état de nature. S'ils perdirent cet avantage,
qu'ils s'en prennent à leurs institutions sociales. C'est chercher l'égalité bien loin, et
on ne la trouvera pas encore. Le sauvage
languissant et sans industrie n'est pas l'égal
de son voisin, auquel la nature accorda des
nerfs plus souples, des jambes plus agiles,
une tête mieux organisée. Le premier meurt
de faim, tandis que le second trouve abondamment dans les forêts de quoi nourrir et
habiller sa famille. Non-seulement le sauvage
fort et intelligent sera mieux vêtu, mieux
logé, mieux nourri que le sauvage faible et
nonchalant, mais si quelques raisons décident
le premier à ne pas s'écarter de sa cabane
pour chercher sa pitance accoutumée, il en-
levera le dîner du second, incapable de le
défendre.

De tout tems les hommes entre eux furent en état de guerre. Le siècle d'or est une vieille fable inventée pour louer le passé aux dépens du présent ; il est même probable que les excès des injustices particulières dans l'état de nature, furent une des causes qui déterminèrent l'établissement des premières sociétés politiques.

De la réunion d'un grand nombre de forces physiques, jusqu'alors isolées, naquit une force morale supérieure. Elle protégea tous les associés ; alors les hommes inégaux entre eux par la loi de la nature, devinrent égaux par fiction aux yeux de la loi civile. L'agrégation sociale ne donnait pas de la force, de l'adresse, de l'intelligence, aux individus qui en manquaient ; mais en vertu du contrat social, chacun devant employer une partie de ses forces, de son adresse, à l'avantage commun, la masse entière de ces biens devenait, pour ainsi dire, le patrimoine de chaque membre de la cité.

CHAPITRE V.

Preuve de la même vérité dans l'état de civilisation.

JE ne suivrai pas la race humaine depuis les premiers jours de sa civilisation jusqu'à la réunion des grands empires et la construction de ces superbes monumens des arts qui caractérisent les nations opulentes, mais je dois observer que l'époque où les hommes abandonnèrent l'état sauvage pour vivre sous le régime des lois, fut celle où les facultés humaines bonnes ou mauvaises se développant avec rapidité, annoncèrent les étonnans progrès dont nous sommes témoins.

Auparavant, l'incertitude et la difficulté de pourvoir à sa subsistance, l'alternative d'une fatigue extrême et d'un repos absolu, ne laissaient point à l'homme le loisir au sein duquel s'abandonnant à ses idées, il peut enrichir son intelligence de combinaisons nouvelles. S'il faisait quelque découverte, elle périssait avec l'inventeur, parce que ses moyens de satisfaire à ses besoins physiques trop dépendans du hasard, excluaient l'invention de tout mode artificiel pour transmettre dans l'ame des autres les fruits d'une expérience particulière et fortuite.

Mais dès que plusieurs familles se prêtèrent un mutuel secours, leur subsistance devint moins précaire, soit que la pêche ou la chasse procurassent leurs alimens, ou qu'on se livrât aux travaux de l'agriculture. L'habitude de vivre ensemble et la nécessité de s'entendre pour travailler en commun, les accoutuma peu à peu à désigner, par des signes convenus, les objets les plus habituels. Ainsi se forma le langage. La différence de langage dût être la première borne entre les peuples divers.

On ne saurait vivre en société sans se communiquer ses pensées, ses sentimens : un petit nombre d'idées morales furent réunies. On en déduisit des règles de conduite; on vécut en famille, se conformant à des usages reconnus. Alors la faculté que l'homme reçoit en naissant, de distinguer dans ses sensations, les sensations simples et les sensations complexes, de les retenir dans son cerveau, de les combiner, d'attacher des signes à tous ces objets, pour les reconnaître plus aisément ; tous ces inestimables avantages perfectionnèrent avec rapidité l'entendement humain, en procurant aux hommes des jouissances nouvelles.

Les premiers hommes n'eurent d'autre vêtement que la peau des bêtes, d'autres demeures que les antres des rochers ou le creux d'un vieux arbre. Ils durent à la civilisation toutes les inventions qui rendirent leur vie plus douce. On bâtit des bourgades, on éleva des troupeaux, quelques manufactures grossières s'établirent, on connut le bonheur plus voisin de la médiocrité que de l'opulence.

Dans le premier état de la civilisation, la propriété de chaque citoyen se bornait à celle des animaux tués par lui, de ses armes, de ses filets, de sa cabane, des ustensiles de son ménage. Elle s'étendit ensuite à son troupeau et à la terre qu'il avait défrichée. A la mort du père de famille, cette propriété passait aux enfans.

Lorsque les arts de première nécessité furent inventés et que chacun put se procurer aisément par son travail une cabane, de la nourriture et des habillemens pour sa famille, on connut quelques arts d'agrément. Le jeune homme chanta les charmes de sa compagne. Les jeunes filles dansèrent en rond au son des pipeaux rustiques. On célébra des fêtes en l'honneur de l'Etre-suprême. Les vieillards faisaient l'éloge de ceux de leurs contemporains auxquels on devait les heureuses innovations dont les procédés rendaient la vie plus agréable. Les justes hommages prodigués à leurs travaux enflammaient du désir de les imiter ceux qui se sentaient épris de l'amour de la gloire. On trouva les moyens de transmettre à la postérité la connaissance des choses utiles ou agréables.

Jusqu'alors les hommes avaient acquis, par artifice, cette égalité qu'une nature marâtre leur avait refusée. Mais bientôt ce tableau disparut comme une vaine fumée, et ses couleurs effacées pour jamais ne sauraient être ravivées par aucun moyen possible.

De la culture de la terre provinrent les richesses, et les doux loisirs que les richesses procurent. Plusieurs individus économes se procurant un superflu susceptible d'être conservé, en donnèrent une partie pour être dispensés de travailler eux-mêmes. Alors il

exista dans la société une classe d'hommes
dont le tems n'était pas absorbé par un labeur
corporel, et dont les désirs s'étendirent
bientôt au-delà de leurs besoins physiques.
L'industrie s'éveille, les arts se perfectionnent,
la population augmente ; l'agriculture qui
nourrit un plus grand nombre d'individus
sur un moindre terrain, favorise cette multiplication, et cette multiplication accélère réciproquement les progrès de l'agriculture.
Les idées acquises se communiquent plus
promptement et se perpétuent plus sûrement dans une société devenue plus séden-
taire, plus rapprochée, plus intime.

D'un côté le sort de l'espèce humaine
s'améliore, mais de l'autre, l'égalité entre les
individus diminue par une progression accé-
lérée. La différence des fortunes et des conditions devient excessive à mesure que les
richesses, augmentées par le commerce et par
toutes les voies ouvertes à l'industrie humaine, offrent un nouvel aliment à toutes
les passions exaltées par le désir de jouir et
d'être préféré aux autres.

Enfin les grandes nations présentent toutes
un assemblage aussi constant que bizarre des
termes les plus extrêmes. Partout on voit de

6

superbes châteaux à côté des chaumières ; quelques riches et un grand nombre de pauvres, peu de gens instruits et beaucoup d'ignorans. C'est dans cet état de choses qu'on demande quel est le gouvernement le plus convenable à une nation très-riche, très-nombreuse et disséminée sur un vaste territoire.

CHAPITRE VI.

De la nature des divers gouvernemens.

LE livre entier de l'Esprit des lois est fondé sur le principe qu'il n'existe parmi les hommes que quatre espèces de gouvernemens : la démocratie, l'aristocratie, la monarchie, et le despotisme. Cette assertion n'est pas vraie. Et dès lors, toutes les conséquences qu'en tire *Montesquieu* croulent d'elles-mêmes. *Montesquieu* ajoute : *La vertu est le principe des républiques, l'honneur l'est des monarchies;* ce second principe n'est pas plus vrai que le premier. L'orgueil de chaque citoyen veille dans une république sur l'orgueil de son voisin, l'ambition sert de frein à l'ambition. Personne ne veut être esclave de la fantaisie d'un autre. Voilà ce qui établit une république et ce qui la conserve. Il est ridicule d'imaginer qu'il faille plus de vertu à un Grison ou à un Batave qu'à un Espagnol ou à un Danois.

Il n'est pas moins chimérique d'avancer

6 *

que l'honneur soit le principe des seules monarchies. *Montesquieu* le prouve lui-même sans y penser, en disant : *la nature de l'honneur* (1) *est de demander des préférences, des distinctions ; il est donc, par la chose même, placé dans l'Etat monarchique*. On demandait dans la république romaine, la préture, le consulat, l'ovation, le triomphe. Ce sont là des préférences, des distinctions qui valent bien des titres achetés souvent dans les monarchies. L'honneur était donc, d'après *Montesquieu*, placé par la chose même dans le gouvernement républicain.

On ne peut considérer le despotisme que comme l'abus de la monarchie. C'est la corruption d'un excellent gouvernement. J'aimerais autant mettre les voleurs de grands chemins au rang des corps d'un Etat, que de placer les tyrans au rang de rois. *Montesquieu* définit ainsi le gouvernement despotique : *un seul sans loi, sans règle, entraînant tout par sa volonté et par ses caprices*. Je ne pense pas qu'un pareil gou-

---

(1) Esprit des lois, liv. 3, chap. 7.

vernement puisse subsister. Le mot *despote*,
dans son origine, signifiait, chez les Grecs,
maître de maison, père de famille. Nous
donnons le nom de despote au grand Turc,
à l'empereur de la Chine, au sophi de Perse,
nous avons tort. L'Alcoran et les commen-
taires approuvés de ce livre, renferment
les lois des Musulmans. Les monarques de
cette religion jurent, à leur intronisation,
d'observer ces lois. Plusieurs corps de milice
et celui de l'*ulèma*, ou des gens de loi,
jouissent en Turquie d'immunités considérables. Plusieurs *Padishas* ont inutilement
tenté de changer cet ordre de choses. Les
uns ont été étranglés, les autres déposés.
Le grand Turc ne gouverne donc pas sans
loi, sans règle, par sa volonté et par ses
caprices. A l'égard de la Chine, qui ne sait
que ce vaste Empire est gouverné par des
lois, qu'il existe dans Pékin six tribunaux,
auxquels ressortissent quarante-quatre cours
provinciales ; que les remontrances faites à
l'Empereur par les six tribunaux suprêmes,
ont force de loi ; qu'on n'exécute pas à mort
un simple journalier aux extrémités de
l'Empire, sans que la sentence de mort,

confirmée par un des tribunaux de Pékin,
ne soit signée par l'Empereur? Ce n'est donc
point un gouvernement arbitraire et tyrannique. Défions-nous de tous les systèmes.
Les publicistes, et *Montesquieu* comme les
autres, en classant les gouvernemens, ne se
sont pas entendus, ou n'ont pas voulu qu'on
les entendît. Il résulte de leurs raisonnemens
entortillés, que les termes de république
et de monarchie sont vagues, et employés
pour désigner des gouvernemens n'ayant
ensemble aucune ressemblance.

Il n'existe parmi les hommes que deux
sortes de gouvernemens. Dans l'un, des lois
fixes et reconnues déterminent les relations
des citoyens entre eux, et entre les sujets
et le gouvernement; dans l'autre, on ne
reconnaît que les lois fondamentales plus
ou moins indispensables, le reste est laissé
à l'arbitrage du magistrat suprême. Dans la
seconde hypothèse, la volonté du monarque
prend, en plusieurs circonstances, la place
de la volonté générale. On est convenu de
donner à cette administration la dénomination de gouvernement arbitraire. J'appelle
gouvernement républicain, tout Etat où les

lois sont l'expression de la volonté générale.
Lex sola (1) *distinguit respublicas a tyrannide quæ non modo in dominatione unius
sed in imperio paucorum et universæ
plebis deprehenditur, quando pro legibus
imperant hominum voluntates.*

« J'appelle république, nous dit *Rousseau*(2), tout Etat régi par des lois, sous quelque forme d'administration que ce puisse être.
Car alors l'intérêt public gouverne, et la
chose publique est quelque chose. Tout
gouvernement légitime est républicain ». Je
sais bien que *Rousseau* parle différemment
en d'autres occasions. Il faut respecter les
vues généreuses de ce grand homme, en
relevant ses erreurs.

_____

(1) Gravina *de legibus, cap.* 16.
(2) Contrat Social, liv. 2, chap. 6.

CHAPITRE VII.

Le gouvernement de plusieurs peut être despotique comme celui d'un seul, et le gouvernement d'un seul peut être républicain comme celui de plusieurs.

A Rome, dit *Swist*, le sénat commença par avoir beaucoup, et le peuple rien. Point de balance, point de contre-poids. Le peuple avança pied à pied, il devint puissant. Cette dispute forma un équilibre. La liberté dura aussi long-tems que la dispute. Mais dès que cet équilibre fut rompu, les démagogues, sous le nom du peuple, s'emparèrent de l'autorité publique, tous les pouvoirs tombèrent dans les comices. La liberté fut anéantie.

Sans chercher des exemples au dehors, avons-nous oublié avec quelle facilité une assemblée démocratique engloutit tous les pouvoirs. L'autorité illimitée dans le sein de la *Convention*, et cette autorité exercée par des tigres, ne nous avertissent-elles pas qu'un corps législatif peut devenir plus cruellement despote qu'un monarque.

« A prendre le terme (1) dans la rigueur de l'acception, il n'a jamais existé de véritable démocratie, et il n'en existera jamais. On ne peut imaginer que le peuple reste incessamment assemblé, pour vaquer aux affaires publiques, il ne saurait établir pour cela des commissions sans que la forme d'administration change.

» Quand les fonctions du gouvernement se partagent entre plusieurs tribunaux, les moins nombreux acquièrent tôt ou tard la plus grande autorité, ne fût-ce qu'à cause de la facilité d'expédier les affaires. D'ailleurs, que de choses difficiles à réunir ne suppose pas ce gouvernement : premièrement, un Etat très-petit, où le peuple soit facile à assembler, et où chaque citoyen puisse connaître tous les autres ; secondement, une grande simplicité de mœurs qui prévienne une multitude d'affaires et les discussions épineuses ; ensuite, beaucoup d'égalité dans les fortunes, sans quoi l'égalité ne saurait subsister long-tems dans le droit et l'autorité ; enfin, peu ou point de luxe.

---

(1) Contrat Social, liv. 3, chap. 4.

» Voilà pourquoi un auteur célèbre a
donné la vertu pour principe à la république. Mais faute d'avoir fait les distinctions nécessaires, ce beau génie a manqué souvent
de justesse, quelquefois de clarté. Il n'a pas
vu que l'autorité souveraine étant partout la
même, le principe qu'il pose doit avoir lieu
dans tout Etat bien constitué, plus ou moins
il est vrai, selon la forme du gouvernement.

» Ajoutons qu'il n'y a pas de gouvernement si sujet aux agitations intestines que le
démocratique, parce qu'il n'y en a aucun
qui tende si fortement et si continuellement
à changer de forme. S'il y avait un peuple
de dieux, il se gouvernerait démocratiquement, un gouvernement si parfait ne convient pas à des hommes. »

« Un défaut (1) inévitable, nous dit encore
Rousseau, qui mettra toujours le gouvernement monarchique au-dessous du gouvernement populaire, c'est que dans celui-
ci la voix publique n'élève presque jamais
aux premières places que des hommes qui

---

(1) Contrat social, liv. 3, chap. 6.

les remplissent avec honneur; au lieu que ceux qui parviennent dans les monarchies ne sont, le plus souvent, que de petits brouillons, à qui les petits talens qui sont dans les cours parvenir aux grandes places, ne servent qu'à montrer leur ineptie aussitôt qu'ils y sont parvenus. Le peuple se trompe bien moins sur ce choix que les princes. Un homme d'un vrai mérite est presque aussi rare dans le ministère qu'un sot à la tête d'un gouvernement républicain. »
Le bon *Jean Jacques*, parlait sans doute de sa république de Genève; mais s'il eût été témoin de la révolution de France; il eût bien changé de langage.

Depuis la révolution, on a répété jusqu'à satiété, que tous les monarques étaient les ennemis de la liberté publique : redoutez le gouvernement d'un seul, nous crie-t-on, aucun ne marche plus invariablement vers le même but; mais ce but n'est pas celui de la félicité publique, son énergie tourne sans cesse au préjudice de l'Etat.

« Les rois veulent être absolus (1), et de

_____

(1) Contrat Social, liv. 3, chap. 6.

loin on leur crie que le meilleur moyen de l'être est de se faire aimer des peuples. Cette maxime est très-vraie, mais on s'en moquera toujours dans les Cours. Les meilleurs rois veulent pouvoir être méchans, s'il leur plaît, sans cesser d'être les maîtres. Un sermoneur politique aura beau dire que la force publique étant la leur, leur intérêt est que le peuple soit puissant, nombreux et redoutable : ils savent très-bien que cela n'est pas vrai. Leur intérêt est premièrement, que le peuple ne puisse jamais leur résister. C'est ce que *Samuel* représentait aux hébreux ; c'est ce que *Machiavel* a fait voir avec évidence. »

On ne saurait contester la vérité de quelques-unes de ces observations. Mais si plusieurs rois ont réussi à détruire les franchises de leurs sujets, n'avons-nous pas vu nousmêmes périr la liberté en France, parce que les démagogues ont dévoré la royauté. Les rois pourraient-ils oublier que, voguant avec leurs sujets sur le même vaisseau, la sûreté des uns repose sur la félicité des autres, et que l'infortuné Louis XVI fut puni du despotisme, follement affecté par Louis XIV.

Parmi les anciens peuples, Sparte, gou-

vernée par deux rois, était une république,
et parmi les peuples modernes l'Angleterre
est une république gouvernée par un roi.
Rousseau, après avoir exalté l'excellence de
la démocratie, ajoute : « On a de tout tems
disputé sur la meilleure forme de gouvernement, sans considérer que chacune d'elles
est la meilleure en certains cas, et la plus
mauvaise en d'autres. »

Il est ordinaire qu'un bon gouvernement
succède aux orages politiques. Lorsque les
agitations intestines s'appaisent, les souvenirs
qu'elles ont laissés, rapprochant les hommes,
par leurs besoins, par leurs affections, et
même par leurs pertes, propagent des principes de paix et de tolérance. Les gouvernés
vont alors au-devant des entraves mises à la
cupidité des méchans, les gouvernans instruits
par les fautes précédentes, respectent leurs
concitoyens, en régissant leurs affaires générales. Les uns et les autres se rallient sous
l'égide des lois protectrices des personnes et
des propriétés. Cette disposition morale est
la base de l'harmonie avec laquelle s'en-
graînent les ressorts d'un bon gouvernement.

Depuis que l'histoire, éclairée par le flam-

beau de la critique, s'est purgée des fables
ridicules qui enveloppent le berceau des
peuples anciens, nous voyons les mêmes
révolutions se répéter sans cesse, tantôt sur
un théâtre, tantôt sur un autre. Le passé
se lie au présent. La politique est plus bornée
qu'on ne croit ; elle s'agite dans un cercle
étroit, et produit les mêmes effets par les
mêmes causes. L'univers est vaste, les scènes
sont pompeuses, mais les acteurs sont petits.
Les modernes n'ont ni d'autres passions ni
d'autres facultés que les anciens. Les gouvernemens dégénèrent et tombent, quand
l'instrument se brise dans la main ouvrière.
Heureux ceux qui naissent dans ces momens où, à la suite des plus longues infor-
tunes, s'accréditent des opinions conciliatrices. Qu'ils jouissent de leurs avantages,
sans se flatter de les transmettre à la
postérité.

Le bonheur, dans les constitutions politiques, n'est pas un héritage de famille.
Les gouvernemens les plus vantés durent
leur origine aux excès des désordres du
gouvernement précédent. Les mêmes fléaux
qui forcèrent les pères de rompre leurs
anciennes habitudes, pour s'abandonner à

de nouvelles combinaisons sociales, écrase-
ront bientôt les enfans. Les modernes ne
sont pas corrigés par les fautes des anciens,
puisque les malheurs de la maison de *Stuart*
n'ont pas prévenu ceux de la maison de
Bourbon.

CHAPITRE VIII.

Définition du mot République.

LA division des gouvernemens en républicain, monarchique et despotique, adoptée par *Montesquieu*, ne saurait être admise. Il n'existe parmi les hommes que les deux sortes d'administration, républicaine et arbitraire. La pure démocratie et le pur despotisme sont des chimères ; ou du moins si ces gouvernemens ont été amenés momentanément par un concours de circonstances, la rapidité de leur chute démontre qu'ils n'étaient point propres à régir les hommes. Le gouvernement héréditairement aristocratique n'est pas républicain, c'est le plus écrasant des gouvernemens arbitraires. Le gouvernement de la *Convention* fut en même tems démocratique et despotique ; ses affreux ravages ne seront pas oubliés de long-tems. Cette fatale administration, après avoir tout dévoré autour d'elle, devait finir par se dévorer elle-même.

Que doit-on entendre par le mot *république*, employé tous les jours pour désigner des gouvernemens très-différens entr'eux?

On donnait à Venise le nom de république. Cependant le peuple n'y prenait aucune part à la confection des lois ; il était aussi asservi que dans les Etats regardés comme les plus arbitraires. La différence entre le gouvernement vénitien et celui de Copenhague, consistait en ce que dans l'un le pouvoir reposait sur la tête du chef de la dynastie royale, et dans l'autre sur celle de tous les nobles ayant atteint l'âge de vingt-cinq ans, et pris la robe sénatoriale. D'un côté se trouvait la monarchie d'un corps, de l'autre la monarchie d'un homme. Ces deux genres de monarchie différaient quant au mode de leur exercice, mais leur effet était le même sur la masse du peuple.

C'était pis encore en Pologne, qu'on appelait aussi une république. Non-seulement aucun droit politique n'appartenait au peuple entier, il ne jouissait pas même de la liberté civile. Les Polonais étaient serfs des familles nobles, comme les Français l'étaient sous le gouvernement féodal, et comme ils le seraient redevenus sans la révolution.

7

République, *respublica*, signifie la chose de tous, la chose du public. Le gouvernement ne fut jamais la chose de tous, en Pologne et à Venise ; c'était la chose des nobles. Une république est un Etat dans lequel la masse du peuple, par lui-même ou par ses représentans amovibles et responsables, détermine les lois auxquelles chacun doit obéir, et règle les impôts que chacun doit payer. Quelle que soit alors la forme de son gouvernement, il est en effet la chose publique, la chose de tous, *respublica*. Donner le nom de république à une aristocratie, c'est impliquer contradiction dans les termes.

Dans ce mode de gouvernement, la souveraineté est la chose des gouvernans, et non celle des gouvernés. Ce n'est donc pas la chose de tous, ce n'est donc pas une république.

~~~~~~~~~~~~~~~~~~~~~~~~~~~~~~~~~~~~~~~

CHAPITRE IX.

Quels sont ceux qui composent le peuple,
dans une république sagement organisée.

Par le mot *peuple*, entend-on la masse
entière des habitans d'un Empire, ou faut-
il distinguer deux classes d'hommes dans
l'Etat? celle des citoyens, c'est-à-dire, de
ceux qui, ayant des propriétés à conserver,
sont intéressés à la prospérité de la chose
publique, et celle des hommes qui ne possédant rien, désirent des variations dont
les accidens peuvent leur procurer quelque
chose.

En d'autres termes : quels sont ceux qui
composent le souverain dans une république
sagement organisée? Sparte, Athènes renfermaient dans leur sein un peuple nombreux, exclu des affaires publiques. Le gouvernement de Rome était une combinaison
extrêmement subtile de monarchie, d'aristocratie et de démocratie. Il se soutint avec
splendeur aussi long-tems que cette com-

7 *

binaison subsista. Mais lorsque les *Gracques* y voulurent donner atteinte, la constitution romaine déclina. Les bases qui la soutenaient se trouvant minées par une succession d'ambitieux, il ne fut plus possible de la rétablir. Cependant, la terre de la liberté était partout cultivée par des esclaves ou des affranchis. Le peuple souverain était le petit nombre. A peu près oisif et au-dessus du besoin, il n'avait autre chose à faire qu'à gouverner.

Le peuple romain se partageait en trois classes : les patriciens, les chevaliers et les populaires. Mais au-dessous de ces trois classes, se trouvaient trois autres classes beaucoup plus nombreuses : les esclaves employés à la ville ou à la campagne, les affranchis, qui jouissaient de la liberté civile sans partager la liberté politique, et les étrangers occupés d'arts, de métiers, de manufactures. Les tyrans qui opprimèrent Rome avant la chute de la république, ne manquaient pas de se montrer populaires, comme les *levellers* d'Angleterre, ou les *jacobins* de France. Ainsi *Cinna*, *Marius* et *Sylla* devinrent successivement les maîtres de Rome. *César* l'emporta sur *Crassus* et

sur *Pompée ; Auguste* triompha de *Lepide*
et d'*Antoine*. Les malheurs des guerres civiles ayant affaissé tous les courages, ce
dernier usurpa la domination, en cumulant
sur sa tête les principales magistratures.

Linguet osa imprimer cette phrase, trop
peu méditée alors, et trop mise en pratique
depuis : « La société a fait du monde un vaste
cachot, dans lequel il n'y a de libres que les
gardiens des prisonniers. » Il ne faut qu'avoir
vu comment le riche dévore et comment
tout le reste jeûne, pour être devenu *level-*
ler, disait *Adrien Lezai* dans ses pamphlets.
Le sage reconnaît ces vérités avec douleur,
mais il les publie avec précaution : oui, sans
doute, le pauvre jeûne, et tandis qu'il arrose
de ses larmes le morceau de pain que lui
disputent ses enfans infortunés, le sage verse
des larmes encore plus amères sur l'immuable
destinée des humains condamnés par la nature à cette affligeante inégalité de partage,
à laquelle nos révolutionnaires niveleurs,
prétendaient remédier, non en favorisant
l'industrie, non en améliorant les propriétés,
mais en dépouillant les propriétaires.

Il ne saurait exister de société politique

dans laquelle des pauvres ne se trouvent à côté des riches ; le travail est en même tems l'enfant du besoin et le père des jouissances. Peuples, ne vous laissez pas égarer par des espérances chimériques. Les événemens dont nous avons été témoins en France, doivent à jamais vous servir de leçon. La violence procura de grandes richesses à un certain nombre de ceux qui se donnèrent le nom de *sans-culottes* durant la révolution ; mais la masse entière des *sans-culottes* resta dans la misère, et ne trouva plus les ressources accoutumées dans un travail honnête. Les jacobins ont vu se tourner contre eux leurs armes fatales. Ils se gardaient bien de dire leur secret. Ils savaient parfaitement que l'égalité ne régnerait jamais sur la terre ; mais ils savaient aussi, qu'en prêchant l'expoliation des riches, en appelant le brigandage au secours des hommes sans fortune, en chassant ou en assassinant les propriétaires, les héritages délaissés se partageraient entre les prédicateurs, tandis que ceux dont ils s'entouraient, resteraient pauvres comme auparavant.

L'inégale distribution des fortunes est tel-

Iement liée à la nature des hommes, qu'il n'est pas au pouvoir du législateur d'assurer un autre ordre de choses.

En vain les terres seraient partagées en portions égales, la même disproportion reparaîtrait bientôt. Il faudrait, pour en arrêter les suites, non-seulement niveler les fortunes, mais éteindre chez les hommes toutes les connaissances acquises, et ce goût des jouissances dont l'habitude leur a fait un besoin. Il faudrait les ramener à cette ignorance, ou à cette simplicité qu'on suppose avoir été l'apanage des hommes errans dans les bois avant l'invention des arts.

Un système de constitution doit se concilier avec l'industrie, la population, le caractère moral du peuple qui veut se donner des lois nouvelles. Il ne s'agit pas d'établir un ordre de chose pour des êtres imaginaires, pour des hommes simples, amis les uns des autres, marchant à l'envi vers le bien que tous veulent faire à l'envi; mais il est question de forcer à vivre en paix des hommes dont les intérêts se choquent perpétuellement, et dont un égoïsme cruel et destructeur conduit presque toutes les actions.

On lit dans les lettres de *Cicéron* à *Atticus*

les réflexions suivantes sur les *Sans-culottes* de son tems. « Croit-on que le peuple romain soit cette populace qui se loue à prix d'argent pour violenter ses magistrats, pour assiéger le sénat, pour se livrer sans remords aux rapines et aux incendies? Croit-on que le peuple romain soit une troupe de factieux sans mœurs, comme sans asile, conduite par des *Lentulus*, des *Loclius*, des *Servius?* Certes, de telles gens se flatteraient en vain de représenter la majesté de l'Empire. » *Polybe*, traitant des (1) diverses formes de gouvernement, établit la même différence que *Cicéron* entre le gouvernement républicain et celui dans lequel une multitude ignorante s'ingère de donner des lois.

C'était chez les Romains comme chez nous. Les hommes sont les mêmes partout. *Natura semper sibi consona :* partout les pauvres seront les ennemis des riches ; partout les non-propriétaires seront les ennemis des propriétaires. Les uns regardent la prospérité publique comme le gage de leur prospérité particulière ; ils sont amis de l'ordre et de la paix. Les autres n'ayant rien à perdre,

---

(1) Liv. 6.

envisagent tout changement comme un mieux être; ils vont au-devant des innovations de tout genre : les propriétaires veulent conserver ce qui existe, les non-propriétaires désirent le désordre qui déplace.

Pourquoi n'avez-vous rien, disent les démagogues aux non-propriétaires, c'est parce que les propriétaires ont tout : la nature ne l'entend pas ainsi; les riches ne sont pas plus son ouvrage que les nobles. Elle ne créa que des égaux : de là cette éternelle conspiration des non-possédans contre les possédans; rébellion tantôt sourde, tantôt ouverte; se montrant tantôt contre les particuliers, tantôt contre l'association générale, tantôt dans l'ombre de la nuit et dans les solitudes, tantôt à découvert et au grand jour, elle se réduit à cette courte formule : *ôte-toi, que je prenne ta place.*

Dans le cours ordinaire des choses, et lorsque les non-propriétaires n'exercent aucun droit politique, cette rébellion trouble l'ordre social sans le renverser : les non-propriétaires obéissent aux lois en vigueur, sauf à les violer quand ils le peuvent, et à être pendus quand on les y prend. Mais que par l'effet d'une révolution, ils deviennent les plus forts, lorsque les droits des citoyens sont envahis par les ennemis de la cité, il en est d'elle alors comme d'une ville prise d'assaut. Les vainqueurs changent de condition avec les vaincus, s'établissent à leur place; une subversion totale s'opère.

Le peuple est la source de tous les pouvoirs. C'est bien inutilement que dans le Contrat Social, *Rousseau* emploie plusieurs chapitre à prouver cette vérité dont les despotes conviennent; mais *Aristote* distingue avec soin le peuple, *populus*, de la multitude, *popularis multitudo*. Il compose la multitude de son pays des mercenaires qui, sans biens et sans asile, passent leur vie sur les places publiques à chercher du travail, des mariniers d'*Athènes*, des bateliers de *Ténédos*, des brocanteurs d'*Egines*, et de tous les *sans-culottes* de son tems.

Admettez-les dans le droit de voter dans les affaires publiques, ils en seront à l'instant les maîtres, non-seulement par leur nombre, mais par leurs dispositions; le propriétaire craint toujours de se compromettre, au moindre bruit il se retire. Les non-propriétaires osent tout, parce qu'ils ne risquent rien. Leurs chefs osent encore davantage, parce qu'ils espèrent que les innovations faites par l'aveugle multitude, tourneront à leur avantage particulier.

Pouvant tout et n'ayant rien qui les retienne, ils diront aux agriculteurs : tu possèdes et je ne possède pas ; mais je suis fort et tu es faible : tu disposeras de tes denrées, non à ta manière, mais à la mienne. Voilà comment s'établissent les réquisitions de comestibles. Ils diront au manufacturier : la marchandise t'a coûté une guinée, tu la donneras pour un schelling ; si tu veux la vendre plus cher, je t'enchaînerai ; si tu la caches, je te mènerai à l'échafaud. Voilà le type des lois du *maximum*. Les fortunes seront bientôt renversées. Les propriétés changeront de mains, sans que le gouvernement obtienne aucune stabilité, parce que les propriétaires devenus *sans-culottes* à leur tour, acquerront ce besoin de remuer cet esprit de conquête qui avait présidé à leur expoliation. Ainsi l'Etat ne sortira d'une convulsion que pour entrer dans une autre. Un pareil gouvernement ne saurait subsister long-tems.

CHAPITRE X.

Caractères qui constituent les membres du souverain dans toute république.

LE maintien de la propriété fut le principe des premières institutions sociales. Des hommes, réunis pour se défendre mutuellement contre les ravisseurs, forment un corps de nation par leur résidence sur un territoire qui leur appartient. Les ilotes habitaient la Laconie; ils étaient même plus nombreux que les Spartiates; mais ne possédant aucune propriété, ils ne formaient pas un corps de nation. Un territoire sans propriétaires est un désert; des hommes sans territoire sont des hordes errantes et sauvages. Ce que je dis d'une nation s'applique à l'individu qui en fait partie. La résidence et la propriété sont les caractères distinctifs du citoyen.

L'habitant non-propriétaire est un étranger. Le propriétaire non habitant est encore un étranger. Celui-là seul est citoyen, membre de la cité, qui remplissant les deux conditions nécessaires pour constituer la nation elle-même, est habitant propriétaire. Dans ces citoyens, réside la souveraineté nationale.

Loin d'être membre du souverain, le non-propriétaire doit se considérer rigoureusement comme un simple locataire. Le propriétaire logeant le non-propriétaire, a le droit de le déloger. Si tous les propriétaires mettaient hors de chez eux les locataires, force leur serait de vider le territoire. Regarderais-je comme membre du souverain des gens qu'on peut mettre ainsi à la porte. Le locataire ne peut réclamer chez le propriétaire que les clauses de son contrat. Il doit observer ces clauses, sauf à se retirer si elles ne lui conviennent pas.

Non-seulement aux seuls propriétaires appartient le droit de régir la cité, mais eux seuls ont encore intérêt de la bien régir. Voyez une métairie, la main du fermier la dégrade, celle du maître l'entretient, l'embellit.

Ecoutez ce nouveau *Diogène* prêcher le mépris des richesses, provoquer par ses paroles phlogistiques, des sacrifices auxquels

non-seulement il ne contribuera d'aucune
manière, mais dont il espère de tirer quelque avantage; que lui importe le bouleversement de toutes les fortunes, lorsque la
sienne, placée dans l'asile impénétrable du
néant, est hors de toute atteinte. Que cent
mille familles soient réduites au désespoir
par la féroce ineptie d'un *Cambon*, d'un
Marat, il applaudira secrètement à une
subversion dont les suites réduisent les riches
à son niveau, les soumettent à une égalité
de misère.

Vous l'entendez attisant le feu de la discorde, déclarer traître à sa patrie quiconque,
au sein des commotions populaires, ose
prononcer le doux nom de paix. Qu'importe
à un *Collot d'Herbois*, à un *Fabre d'Eglan-
tine* que le redoutable fléau de la guerre
menace de bouleverser l'Europe. Ils n'au-
ront à gémir ni sur leurs champs ravagés,
ni sur leurs maisons incendiées. Qu'importe
à un *B...*, à un *G...*, que la flamme et le
fer dévorent des colonies inappréciables,
le dénuement public ne peut rien ajouter
à leur dénuement particulier; et dans les
chances innombrables d'une révolution, ne

sont-ils pas à peu près sûrs d'en trouver une qui les tire de l'état dans lequel ils se trouvaient avant le bouleversement.

Des poëtes, des romanciers ont chanté l'incorruptibilité et le désintéressement des villageois et des artisans. Ils ont banni des campagnes et des ateliers tous les vices, ils en ont fait le séjour de toutes les vertus. Ces tableaux brillent dans une églogue, et sont bien éloignés de la vérité. L'ambition et la jalousie déchirent le cœur humain sous le chaume comme sous les riches lambris, à la campagne comme dans les cités.

Posséder sans efforts est un désir naturel à l'homme. Partout le paresseux frélon convoite les trésors cueillis laborieusement par la diligente abeille. Partout, les jouissances du riche sont enviées par celui que sa place dans la société condamne au travail. Quiconque flattera ce penchant inné sera écouté avec attention. C'est un leurre auquel la multitude ne manquera jamais de se prendre. Plus les hommes auxquels on le présentera seront dépourvus de lumières, plus il aura d'attraits pour eux.

La chimère de l'égalité, nous dit *Raynal*, est la plus dangereuse de toutes celles dont on repaît les hommes. Prêcher ce système à la multitude, c'est déchaîner des animaux domestiques et les changer en bêtes féroces.

Au nom de cette prétendue égalité j'ai vu des hordes de brigands, vomis par l'enfer, ayant subjugué par une inconcevable magie le plus bel Empire de l'Europe, le couvrir de plus de forfaits que jamais en ait éclairé le soleil.

La violation des droits de propriété produisit les crimes de la révolution française. Quels services ne nous auraient pas été rendus, si une loi sévère, punissant les premiers dévastateurs qui portèrent dans les provinces le ravage et l'incendie, eût rappelé les hommes à cette vérité politique : il existe dans toutes les sociétés deux classes d'individus. Elles sont aussi différentes par leur esprit que par leur nature ; ceux qui, ayant fourni leur mise dans l'agrégation sociale, sont membres du souverain ; et ceux qui, n'étant que simples habitans et n'ayant rien, ne peuvent réclamer d'autres droits politiques que d'être protégés quand ils se comportent bien.

L'intérêt est le mobile des actions des hommes. Le propriétaire enchaîné à l'Etat

par les liens les plus forts, confond sa prospérité particulière, dans la prospérité générale. La guerre dévorant la fortune de l'Etat,
le ruine lui-même par les impôts excessifs qu'il
est obligé de payer. La paix diminuant les
dépenses du gouvernement, et favorisant
tous les genres d'industrie, ajoute à son bien-
être des améliorations de toute espèce, dont
elle permet le développement. Il est même
de son intérêt de ménager les non-propriétaires, puisque c'est dans cette classe qu'il
peut trouver des fermiers pour faire valoir
ses domaines, et tous les agens dont il a besoin pour se procurer les avantages auxquels
sa position lui permet d'aspirer.

D'après ces développemens, la question
que j'examine s'éclaircit d'elle-même. Je ne
dirai plus, simplement avec *Voltaire*, le
meilleur gouvernement est celui où toutes
les conditions sont également protégées par
les lois, car il resterait à examiner dans quel
mode de gouvernement cette protection est
plus assurée, mais je dirai que l'Etat le
mieux gouverné est celui où tous les habitans
propriétaires concourent à la formation des
lois qui régissent la cité.

8

Qu'on ne m'accuse pas de vouloir préconiser le patriciat de Venise, une pareille idée est bien loin de moi. J'ai prouvé, dans le second chapitre, que l'aristocratie héréditaire est celui de tous les gouvernemens où la tyrannie se montre sous les formes les plus méthodiques et les plus humiliantes. Si le non-propriétaire ne participe pas à la formation des lois, la protection de la société lui laisse le noble espoir de parvenir à cette prérogative, lorsque, par ses travaux, ayant acquis des propriétés, l'obstacle qui s'oppose à son admission au rang des législateurs n'existera plus.

Je jette les yeux sur le gouvernement de la Grande - Bretagne, dont je présenterai l'analyse dans la suite. Tout Anglais, possesseur de quarante schellings de revenu en fonds de terre, libres de toute charge, jouit à vingt-un ans du droit de donner son suffrage dans les assemblées où sont élus les membres du parlement. Mais pour être éligible, il faut posséder trois cents livres sterling de rente, environ sept mille francs argent de France, quand il s'agit de la représentation d'une ville ou d'un bourg ; et six cents livres sterling pour représenter un comté. En conséquence les membres de la chambre des communes ne sont pas salariés par l'Etat.

Cette condition d'éligibilité, où les aïeux n'entrent pour rien, n'est pas humiliante. L'Anglais qui, par son industrie, s'est procuré le revenu territorial prescrit par la loi, jouit immédiatement des avantages qu'elle y attribue, personne n'est exclu formellement. C'est accidentellement selon l'expression d'un auteur moderne, et par le fait d'une sorte de maladie : on exercera son droit dès qu'on sera guéri. L'espoir raisonnable donné par la loi à tout Anglais de devenir un jour membre de la chambre des communes, est un aiguillon qui le pousse vers le commerce, et surtout vers les opérations maritimes, où les fortunes sont plus rapides. C'est peut-être le plus puissant moteur de la grande prospérité dont l'Angleterre a joui depuis plusieurs siècles.

CHAPITRE XI.

Genre de propriété requise pour constituer un individu membre du souverain dans une république.

QUEL est le genre de propriété requise pour constituer un individu membre du souverain dans une république ? C'est une question qui demande encore à être éclaircie.

Tout vient de la terre, nous disent les économistes. Les moissons dorent les plaines et fournissent notre principale nourriture. La vigne verdit les côteaux et produit la liqueur qui anime nos repas, en rendant quelques forces à l'homme épuisé par le travail. Ici de folâtres troupeaux bondissent au milieu d'une prairie émaillée ; là dans de rians vergers, des fruits de toute espèce et de toute couleur, flattent également et les yeux et l'odorat. Plus loin des forêts antiques donnent aux hommes les bois nécessaires pour consolider leurs demeures, préparer leurs alimens, et garantir leurs tendres enfans des atteintes d'un rigoureux hiver. Le propriétaire territorial dispose de ces biens précieux, sans lesquels les arts et le commerce manqueraient d'alimens; on en conclut que ces seuls propriétaires ayant intérêt à la prospérité générale, sont membres du souverain.

Sans entrer dans les raisons morales qui renversent ce système agraire, sans répéter qu'un grand Etat est une machine extrêmement compliquée, dont les ressorts s'engrainent les uns dans les autres avec beaucoup d'art, que la plupart des agriculteurs occupés des soins sans cesse renaissans, de labourer les champs, de bêcher la vigne, de tailler les arbres, d'élever les troupeaux, ont rarement le tems de se livrer aux études préalables, sans lesquelles l'expérience démontre qu'il est impossible de régir convenablement un grand Etat, et que même pour leurs affaires particulières, ils vont à la ville consulter les hommes adonnés aux connaissances des lois et des usages; il suffit de faire attention que, dans une grande société, tous les biens naissent les uns des autres, et se servent mutuellement de gages.

Tous les pays ne sont pas enrichis par les

mêmes productions. Les côteaux de la Bourgogne, de la Champagne et de la Guyenne sont renommés par leurs vins supérieurs à l'antique *Falerne*. D'abondantes moissons couvrent les campagnes de la Beauce et de la Picardie. Les prairies de la basse Normandie, des rives de la Loire et de la Vendée, engraissent de nombreux troupeaux de bœufs. La fertile Touraine, regardée comme le jardin de la France, abonde en fruits les plus délicieux. La Flandre produit des lins dont on fabrique les plus belles toiles. Les environs de Châlons nourrissent une race de moutons dont les laines longues et soyeuses sont recherchées par les fabricans des beaux draps. Ailleurs, on élève le fier coursier qui doit s'élancer dans les champs de *Bellone*, où les muriers, seule nourriture de ce précieux ver, qui file la soie, tandis que les bords de la Méditerranée produisent exclusivement l'olivier, symbole de la paix.

C'est par la voie des échanges que les propriétaires d'une denrée dont la quantité excède ce que leurs familles peuvent consommer, trouvent l'emploi d'un superflu inutile, et se procurent les objets qu'ils ne possèdent pas. Cette réciprocité d'échanges, sol-

licitée par le besoin, fonda les premiers
bourgs, les premières villes. Les Colons s'y
rassemblaient pour traiter de leurs affaires
avec plus de célérité. Dans ces lieux d'étape,
il fallait des maisons pour mettre à l'abri de
l'intempérie de l'air, ceux qui venaient vendre
ou acheter. Ces maisons devinrent une propriété nouvelle ; elle augmenta la valeur des
propriétés rurales : ces bourgs et ces villes
s'agrandirent non-seulement parce qu'elles
devinrent le centre des affaires civiles, politiques et religieuses, mais parce qu'un grand
nombre de Colons, dans les intervalles où les
champs n'exigeaient pas leur présence, venaient y chercher ce délassement que les
hommes trouvent dans la société des autres
hommes.

- Les propriétaires des maisons urbaines
tirant de la campagne les denrées nécessaires
à leur consommation, étaient aussi intéressés
à la prospérité générale que les propriétaires
ruraux : les villes avaient besoin des campagnes pour subsister ; les campagnes à leur
tour, avaient besoin des villes, non-seulement pour trouver un débouché à l'excédant
de leurs denrées, mais pour tout ce qui concernait l'éducation des enfans. Le même ca-

ractère d'habitans propriétaires se trouvait dans les gens établis aux champs et à la ville; ils devaient donc être comptés les uns et les autres au nombre des membres actifs de la cité.

Chaque consommateur ne possédait pas toujours une denrée pour échanger contre celle dont il avait besoin. Souvent même les frais de transport d'une marchandise en auraient excédé la valeur. On imagina le numéraire, comme la mesure commune à tous les échanges. Il s'introduisit dans l'État une troisième sorte de propriété, source féconde de plusieurs autres. Des négocians parcouraient, avec beaucoup de fatigue, les pays où chaque denrée était plus abondante et de meilleure qualité, et rassemblaient dans leurs magasins les productions des climats divers. Ces magasins devinrent une propriété d'autant plus précieuse qu'ils favorisaient les échanges de toutes les autres, et procuraient des jouissances nouvelles.

Dans les villes s'établirent encore les artisans et les manufacturiers. Les uns et les autres, mettant en œuvre les matières premières achetées dans les campagnes, leur

donnaient une valeur souvent incommensurable. Ainsi une ouvrière de Malines achète
du lin au poids du cuivre, et le change en
dentelles qu'elle vendra au poids du diamant;

Non-seulement les propriétés de tout
genre forment l'ensemble de la propriété
nationale, dont les possesseurs constituent
le souverain; mais dans un Empire vaste
et populeux comme la France, dont les
habitans cultivent tous les arts, exercent tous
les genres d'industrie, appellent toutes les
jouissances, les propriétés de diverse nature
sont sujettes à changer si souvent de main,
qu'il en résulterait une versatilité fâcheuse
dans le gouvernement, si les prérogatives
des membres actifs de la cité, n'étaient attachées qu'à une propriété particulière.

On adopta la base territoriale en Angleterre, dans un tems où les manufactures
britanniques ne jouissaient encore d'aucune
considération. Il est probable que si ce
peuple assemblait une convention nationale
pour corriger les vices de sa constitution,
aujourd'hui où le commerce et les manufactures sont dans la Grande-Bretagne des
objets plus importans que l'agriculture,
d'autres tems amèneraient d'autres idées.

Le moyen le plus facile existe de ne mécontenter personne, c'est de calculer le droit d'élire et d'être élu, sur l'impôt direct payé par chaque particulier.

L'assemblée nationale de France appelée *Constituante*, avait établi cette base. Son décret, observé religieusement, aurait éloigné de la *Convention* presque tous les canditats désignés par les *Jacobins*; pour opérer la destruction générale de toutes les fortunes. Ce fut une des principales causes de la chute soudaine d'une constitution dont la France entière avait promis solennellement de maintenir à jamais la stabilité.

CHAPITRE XII.

Erreur des publicistes, en classant les pouvoirs publics dans un État république blicain.

IL est impossible de mieux expliquer que ne l'a fait *Rousseau*, la différence entre la souveraineté et le gouvernement dans une association politique. Mais lorsque ce philosophe, pour arrêter les usurpations de l'une et de l'autre de ces puissances morales, attachées ensemble par des liens de diamans, veut appliquer à leurs fonctions réciproques des règles de conduite, faute d'avoir assez médité sur la véritable nature de l'autorité publique, il tombe dans les écarts les plus déplorables (1), et qui conduiraient un État de convulsions en convulsions dans le gouffre de l'anarchie.

---

(1) Je traite de ces écarts dans le chap. suivant.

La manière dont les publicistes ont divisé l'autorité publique est inexacte. Il est dans le sein de toute société politique une autre force que celles auxquelles *Rousseau* donne le nom d'exécutive et de législative, et *Montesquieu* ceux de législative, exécutive et judiciaire. Une force motrice qui, dans tous les Etats et sous toutes les formes de gouvernement, se trouve par la nature des choses dans les mains du chef de l'association, soit que ce chef s'appelle un monarque, un sénat, ou un corps de représentans.

Cette force, s'il m'est permis de créer un mot nouveau pour exprimer une idée nouvelle, c'est le pouvoir *dirigeant*; ce pouvoir participe de la législative, de l'exécutive et de la judiciaire, et les réunit dans certaines circonstances pour le bien général. Dans cette force, se trouve le ressort politique dont l'action ramène vers un centre commun, des intérêts souvent très-disparates.

J'ai vu, durant la révolution un plaisant, comparer un Empire à une horloge, et le roi au balancier; et cette idée faire une grande fortune. Les comparaisons répandent sur les discours académiques, les charmes de la peinture et de la poésie, mais elles sont déplacées dans les objets sérieux, dont la déduction exige un style serré et didactique. Le gouvernement d'un vaste Empire est une machine immensément compliquée, et qui a besoin d'être dirigée par une main très-exercée. Cette machine ne saurait être comparée à aucun objet connu.

L'examen approfondi des gouvernemens républicains que nous connaissons, démontre que la division de la force publique en législative, exécutive et judiciaire, si aisée à classer dans une dissertation académique, et si difficile à concilier dans la pratique, renferme un vice caché qui la rend illusoire.

Soit qu'on place les Etats-Unis de l'Amérique parmi les républiques fédératives, ou qu'on examine le nœud qui les réunit en corps de nation, on voit les trois pouvoirs perpétuellement confondus. Le congrès qui, sous plusieurs rapports, peut être regardé comme le monarque, les réunit tous les trois dans ce qui concerne ses attributions. Ils ne sont pas moins mêlés dans les législatures particulières des treize Etats.

On fait la même remarque en Angleterre, où une partie des trois pouvoirs se confond dans le parlement, investi à beaucoup d'égards de la puissance nécessaire pour faire des lois, pour en assurer l'exécution, et pour juger les crimes d'Etat.

En Pologne, tous les pouvoirs se trouvaient réunis dans la diète générale avant l'érection du conseil permanent ; ce conseil orageux ne fut jamais établi sur des bases assez solides pour décider quel rang il eût tenu dans la législation, si la Pologne se fût préservée de l'invasion qui lui enleva son existence politique.

Des républiques modernes, si on passe aux anciennes, on y chercherait vainement la division des pouvoirs législatif et exécutif. Plusieurs colléges de magistrats existaient, l'Etat leur avait confié divers degrés de puissance, mais à côté du pouvoir de faire des lois, se trouvait celui d'exécution. A Rome, par exemple, le peuple, le sénat, les consuls, les préteurs, publiaient dans diverses circonstances des ordonnances qui avaient force de loi, les faisaient exécuter, et rendaient des sentences. Ceux qui assurent que, de cette apparente confusion résulta la dissolution de la république romaine, ont bien peu étudié les institutions de cet Empire célèbre; mais on veut tout ramener à ses principes, à ses idées.

L'invention des trois pouvoirs est moderne, et les gouvernemens sont anciens. J'aimerais autant qu'on m'assurât sérieusement que dans l'homme existent trois puissances intellectuelles, l'entendement, le jugement, et la volonté, que de me dire, avec *Montesquieu*, que la force publique d'un Etat se divise en législative, exécutive et judiciaire.

Dans l'homme existe un seul agent, c'est l'ame. Dans un Etat existe une seule force publique, c'est le pouvoir souverain. De cette source unique découlent les autorités, dirigeante, exécutive, législative, judiciaire, militaire, financière, et même sacerdotale. En considérant le pouvoir des prêtres comme extérieur, toutes sont subordonnées à la souveraineté.

La puissance publique peut se diviser, mais seulement quant au mode de son exercice; dans la nation entière, réside la souveraineté. Mais comment un peuple nombreux parviendrait-il, non pas à prendre une série de résolutions, et à les faire exécuter, mais seulement à s'assembler à tel endroit, à telle heure, s'il n'avait chargé un ou plusieurs magistrats de l'avertir des occasions importantes dans lesquelles il faut qu'il abandonne ses affaires particulières pour régler les affaires générales ; et du lieu où il est convenable pour tous, de s'assembler, s'il n'avait pas encore chargé ce magistrat ou ces magistrats supérieurs d'aplanir les obstacles qui pourraient rendre l'assemblée de la nation inutile, dangereuse, nuisible, d'arrêter les entreprises des malveillans, et de réunir tous les anneaux de la chaîne sociale. L'institution d'un ou de plusieurs magistrats suprêmes investis du pouvoir dirigeant, est donc un effet nécessaire de toute agrégation sociale. Sans cette institution le corps social ne subsisterait pas long-tems. Ce magistrat suprême est le chef de l'Etat.

La personne du chef de l'Etat doit être sacrée et inviolable ; sans ce privilége, il lui serait impossible de remplir ses augustes fonctions. Ses actions sont hors des atteintes des tribunaux et même de toute autorité quelconque ; car il parle au nom de la loi, il est l'organe de la volonté générale. Un grand éclat extérieur doit environner le chef d'une grande nation. Il est raisonnable que tout ce qui est bon et saint paraisse émaner de lui. Qu'il soit le distributeur des

honneurs et des graces, que les lois soient
publiées, que la justice soit rendue en son
nom, qu'il décide de la paix et de la guerre,
que les négociations et les alliances avec les
puissances étrangères lui soient confiées.
Mais lorsque la suprême magistrature est
héréditaire, si le suprême magistrat portait
des lois, établissait des impôts ou rendait des
arrêts, l'Etat marcherait rapidement vers le
despotisme, avant-coureur des révolutions
et de l'anarchie.

Les uns ont cru que celui ou ceux que le
peuple avait placés au timon des affaires publiques, étaient des maîtres qu'il s'était donné, et dont à jamais les caprices devaient
être respectés comme des ordres irréfraga-
bles ; les autres ont fait d'un monarque le
commis du peuple : la raison s'éloigne également de ces deux écueils ; le prince est l'œil
de l'Etat ; son auguste fonction est de diriger
vers le bien commun, tous les ressorts du
corps politique ; c'est le modérateur de la
société.

Sa puissance dirigeante est tantôt exécutive et tantôt impérative. Elle est impérative,
lorsqu'il s'agit de soutenir au dehors la
gloire nationale, et au dedans, de rappeler

9

à l'ordre les corporations, et les individus qui s'en écarteraient. Elle est exécutive à l'égard des lois faites pour le maintien de la sûreté, de la liberté, de la propriété des citoyens. Je considère le chef d'un Etat comme un génie tutélaire, redoutable aux méchans. Ses fonctions conciliatrices le rapprochent des intelligences célestes; il ne peut, il ne doit faire que du bien; s'il n'établit pas les lois civiles, s'il n'en retarde pas la marche, il en règle les ressorts. Il conduit le juge dans l'exercice de ses pénibles fonctions. A la tête des guerriers durant les hostilités, il est l'émule, le témoin, le juge, le rémunérateur de leurs belles actions. Les traités de paix par lesquels il termine les guerres, sont de véritables actes législatifs, dépendans de son autorité. En paix, c'est le lien qui réunit tous les faisceaux de la société; partout, c'est l'image de l'Etre-suprême qui veut le bonheur des hommes, qui le prépare, sans cependant gêner leur liberté.

CHAPITRE XIII.

La stabilité politique est le premier bien des hommes en société ; erreur capitale de J. J. Rousseau.

LE premier besoin d'une grande agrégation d'hommes est d'être assuré que sa tranquillité intérieure, reposant sur des bases solides, chacun est le maître de se livrer avec confiance à toutes les opérations honnêtes, dont le succès peut faire ou augmenter le bonheur de sa famille particulière. Chaque peuple possède, sans doute, le droit de changer à son gré ses institutions sociales ; mais celui qui, sans y être forcé par la nécessité, fait usage de ce droit, ne connaît pas les malheurs des révolutions, et en sera infailliblement la victime : il vaut mieux habiter une maison incommode, que de s'exposer à n'avoir point d'asile. *Rousseau* n'avait pas été témoin de la subversion de la France, lorsque, pour prévenir les usurpations du gouvernement, il proposait que toutes les

9*

fois que le peuple serait assemblé, sa session législative commençât par deux propositions qu'on ne devait jamais supprimer, et qui devaient passer séparément par les suffrages.

La première (1) : « s'il plaît au souverain de conserver la présente forme de gouvernement » ; la seconde, « s'il plaît au peuple d'en laisser l'administration à ceux qui en sont actuellement chargés. »

Ces deux propositions incendiaires semblèrent diriger dans la suite la conduite des *Jacobins*, lorsque dans leur constitution démagogique, publiée en 1793, ils établirent ce principe : *quand le gouvernement viole les droits du peuple, l'insurrection est pour tout le peuple et pour chaque section du peuple le plus sacré des droits et le plus respectable des devoirs.* Ils abusèrent d'une erreur échappée à *Rousseau* ; ce philosophe n'en sentit sûrement jamais les fatales conséquences. Il ne calcula pas combien les intérêts locaux d'un pays peuvent quelquefois contrarier les intérêts locaux d'un autre ; combien il est aisé aux malveillans qui se

_____

(1) Contrat Social, liv. 3, chap. 18.

trouvent partout, de calomnier au moins momentanément les intentions des premiers magistrats chargés du fardeau de l'Etat.

Une nation qui se fait une habitude de renouveler périodiquement sa constitution, devient le jouet de toutes les ambitions, de toutes les passions individuelles, qui spéculent perpétuellement sur une modification nouvelle du Code social. Il n'y a plus de stabilité ni même de patrie. La foi des sermens méprisée, conduit à une apathie, a une insouciance générale. *Rousseau* se fondait sur la base démocratique de la souveraineté du peuple, sans réfléchir que les conséquences de ces principes consacrés jusque dans les derniers excès de ce mode d'institution politique, donnaient une telle influence à la multitude sur l'action de son gouvernement, qu'il devait en résulter une guerre tantôt sourde, tantôt déclarée, dont les effets devaient finir par étouffer le corps politique au milieu des convulsions de l'anarchie.

Avec cette versatilité, cette tendance aux changemens et aux guerres civiles, inhérentes, selon *Rousseau*, aux démocraties, il est forcé de convenir que cette administration populaire ne conviendra jamais à une grande nation. «Tout bien examiné, nous dit-il (1), je ne vois pas qu'il soit désormais possible au souverain de conserver parmi nous l'exercice de ses droits, si la cité n'est très-petite. Mais si elle est petite, elle sera subjuguée. Non, je ferai voir ci-après comment on peut réunir la puissance extérieure d'un grand Etat avec la police aisée et le bon ordre d'un petit Etat. » *Rousseau* n'a pas rempli sa promesse, très-difficile à tenir : il n'adoptait pas le système des représentans ; c'était le gouvernement fédératif dont il voulait faire usage.

_____

(1) Contrat Social, liv. 3, chap. 15.

CHAPITRE XIV.

Gouvernement fédératif.

On donne le nom de gouvernement fédératif, à celui de plusieurs petits Etats dont
chacun est intérieurement régi par les lois
particulières qu'il lui plaît de se donner ;
mais qui tous sont réunis dans leurs moyens
de défense contre les ennemis du dehors,
et ont chargé un tribunal de veiller au mode
de cette défense commune. « Cette forme de
gouvernement, nous dit *Montesquieu* (1), est
une convention par laquelle plusieurs corps
politiques consentent à devenir citoyens
d'un Etat plus grand qu'ils veulent former.
C'est une société de sociétés qui en font
une nouvelle qui peut s'agrandir par de
nouveaux associés qui se sont unis ».

La Grèce fut long-tems réunie par une
ligue fédérative. Les *Amphictyons* jouis-

_____

(1) Esprit des lois, liv. 9, chap. 1.

saient du plein pouvoir de proposer et de résoudre ce qu'ils jugaient avantageux à la Grèce entière. Celui qui donna l'idée de cette suprême magistrature, et qui la convoqua pour la première fois, fut *Amphictyon*, troisième roi d'Athènes. Il imagina ce moyen pour former un nœud social entre tous les royaumes et toutes les républiques de la Grèce, et les rendre redoutables aux peuples voisins. Les Amphictyons s'assemblaient deux fois par an, dans un temple de *Cérès*, bâti près du fleuve *Asopus*. *Pausanias*, dans la liste des nations qui envoyaient leurs députés à cette assemblée, ne parle que des Ioniens, des Dolopes, des Thessaliens, des Œnianes, des Magnésiens, des Méliens, des Phithiens, des Doriens, des Phocéens et des Locriens; il ne parle pas des Achéens, des Eléens, des Argiens, des Messéniens et de plusieurs autres peuples hellénistes. *Eschine* donne aussi une liste des cités qui étaient admises dans cette association, et de celles qui ne voulurent pas la reconnaître (1). Le tribunal des Amphic-

---

(1) *Oratio de falsâ legatione.*

tyons ressemblait assez à la diète d'Allemagne.

Après l'asservissement de la Grèce, une nouvelle ligue fédérative se forma dans l'Achaïe; elle fut long-tems célèbre. Quatorze villes composaient cette association dont les anciens ne nous ont laissé que des notions très-imparfaites. Chacune de ces villes réglait sa police particulière et celle de son territoire; mais toutes envoyaient leurs députés à l'assemblée fédérative, qui se tenait dans *Ægium*, aux premiers jours du printems (1). On y faisait les règlemens exigés par les circonstances, on nommait les magistrats qui devaient les exécuter. Les exploits d'*Aratus* et de *Philopœmen* donnèrent un grand éclat à la ligue achéenne.

Les Etrusques, regardés comme les plus anciens habitans de l'Italie, après avoir soumis à leur empire la moitié de la péninsule des bords de l'Adige, aux extrémités de la Campanie, lorsqu'ils formaient un seul corps de nation, se divisèrent en douze républiques

––––––––––––––––––––––––

(1) Polyb., liv. 4. Strab., liv. 8.

indépendantes (1), réunies par un lien fédératif, lorsque les Romains, établis au milieu
d'eux, étaient gouvernés par des rois. Leurs
députés s'assemblaient pour délibérer en
commun sur les intérêts généraux de la
nation.

Parmi les modernes, les principaux gouvernemens fédératifs furent ceux des Helvétiens, des Provinces-Unies (2), des Etats-
Unis d'Amérique; on peut ajouter l'Empire
d'Allemagne.

Je m'éloignerais de mon sujet, en rap-
portant la manière dont les Suisses secouèrent
le joug de la maison d'Autriche, et l'aventure de la pomme de *Guillaume Tell*, regardée généralement aujourd'hui comme
romanesque; mais on tient pour constant,
en Suisse, que *Tell* ayant été mis aux fers,
tua le bailli d'Ury d'un coup de hache, et
que ce meurtre fut le signal de la révolution helvétique.

Les trois cantons de Schwitz, d'Under-
wald et d'Ury formèrent le premier (3)

_____

(1) Strab., liv. 5.
(2) Avant l'érection du royaume de Hollande.
(3) En 1308.

noyau de la confédération. Lucerne y entra en 1352; Zurich, Glaris et Sug vingt ans après. Berne renforça l'alliance; Fribourg et Soleure suivirent cet exemple en 1481; Bâle et Schaffouse en 1501; enfin, le pays d'Appenzel compléta le nombre (1) des treize cantons.

Aux Helvétiens se réunirent, en différens tems, plusieurs peuplades voisines; les unes obtinrent le titre d'alliés des Suisses, les autres furent considérées comme sujettes de la république helvétienne.

Chaque canton suisse conserva, jusqu'aux changemens survenus par les suites de la révolution de France, tous les attributs de la souveraineté. La forme du gouvernement différait même dans les cantons. Six étaient purement démocratiques; l'aristocratie dominait dans les sept autres, sans cependant que le peuple fût légalement assujetti aux patriciens.

Cette diversité de gouvernement fut le résultat de la situation politique dans laquelle chacune de ces républiques se trouvait lors-

_____

(1) En 1513.

qu'elle devint canton helvétique. Les sept
Etats dont le gouvernement pencha vers
l'aristocratie, ne consistèrent d'abord que
dans une ville principale dont quelques
villages dépendaient. Le gouvernement se
resserra naturellement parmi les bourgeois
plus à portée de suivre les assemblées générales. Le tems ayant consacré cet usage,
il subsista malgré les augmentations succes-
sives du territoire de ces cités. Les cantons
démocratiques n'ayant, au contraire, dans
leurs arrondissemens aucune ville qui pré-
tendît à la prééminence, chaque canton fut
divisé en communes ayant un droit égal
à la souveraineté, et chez lesquelles les assemblées générales se tenaient alternativement.
La pure démocratie s'y établit, et y subsista.

On voit, par cet aperçu, que les Suisses
formaient moins une république que l'association politique de plusieurs Etats indépendans. Telle était la liaison entre les treize
cantons, que si l'un se trouvait attaqué,
les douze autres venaient à son secours,
moins en vertu de l'association générale,
que par les relations existantes entre deux
cantons et un troisième.

Tous les Suisses sont soldats lorsqu'il

s'agit de défendre leur patrie; et jamais ils
ne se mêlent des contestations élevées en
Europe. En vain la guerre dévaste et ensan-
glante les pays dont ils sont environnés,
les heureux Helvétiens, placés au sommet
de leurs montagnes, peuvent être témoins
des boucheries humaines dans d'autres contrées, tandis qu'une éternelle paix entretient
le bonheur et l'abondance dans leurs asiles.
La nature, si libérale ailleurs, n'avait rien
fait pour ce pays agreste; la douceur du
gouvernement changea la face de la nature.
Un terrain aride et négligé sous des maîtres
trop durs, fut cultivé par des mains libres
et généreuses. On planta la vigne sur des
rochers à l'abri du vent du nord; des bruyères
se convertirent en riches guerêts; les troupeaux se multiplièrent dans les prairies, au
bord des rivières. L'égalité subsiste en Suisse
autant qu'elle peut être admise chez les
nations civilisées; non cette égalité absurde
autant qu'impossible, par laquelle le servi-
teur et le maître, le manœuvre et celui qui
l'emploie ne connaîtraient aucune subordination, mais cette égalité politique protégeant
la liberté et la propriété du faible contre
les atteintes du fort, et réunissant tous les

hommes sous une dépendance égale des lois.

Le Suisse ne paie ni le luxe ni les armées d'un maître. Toutes les religions se tolèrent dans cet heureux pays. Les arts et les sciences y sont en honneur; et dans plusieurs cantons, jadis sauvages, on est parvenu à réunir la politesse d'Athènes à la simplicité de Sparte.

Les dix-sept provinces des Pays-Bas, connues autrefois sous le nom de Belgique et de Batavie, ayant formé successivement des Etats séparés, étaient régies par des lois différentes; une longue habitude familiarisait les Belges et les Bataves avec ce chaos politique. Philippe II se crut assez puissant pour abolir toutes ces lois partielles, et pour soumettre le pays au joug du despotisme qu'il appésantissait en Espagne; il ne pouvait réussir qu'à l'aide du gouvernement militaire. Dans cette vue, il rejetait toutes les remontrances faites par les Etats, sur les abus contraires aux priviléges des peuples. Philippe semblait désirer que les Belges et les Bataves se livrassent à l'insurrection pour avoir occasion de les soumettre par les armes, et de les réduire en servitude.

La religion protestante faisait des progrès dans ces contrées. Philippe II, l'ennemi le plus acharné de ce culte, écrivait à la gouvernante des Pays-Bas : J'aime mieux être sans États, que de régir des peuples infectés de l'hérésie. Les horreurs déployées autrefois contre les Albigeois en France, et les Hussites en Hongrie, se renouvelaient dans les Pays-Bas : les bûchers s'allumaient de toutes parts pour dévorer les réformés. Tout le pays se soulève. Guillaume de Nassau se met à la tête des insurgés. Philippe envoie le duc d'*Albe* à Bruxelles avec une armée. Les provinces Belgiques sont inondées de sang.

On vit alors se renouveler un spectacle donné à l'Europe par les Vénitiens, plusieurs siècles auparavant. Un peuple fuyant la tyrannie, et ne trouvant plus d'asile sur terre, se réfugia au sein des eaux. Sept petites provinces au nord du Brabant, inondées plutôt qu'arrosées par les grands fleuves, souvent submergées par l'océan contenu à peine par des digues, et n'ayant pour richesses que le produit de quelque pâturages et une pêche médiocre, fondent une république florissante, dont Amsterdam devient le centre. Les provinces de Gueldre, de Sulphen, de Hollande, de Zélande, d'Utrecht, de Frise, d'Over-Yssel, et de Groningue, signent (1) dans Utrecht, un traité d'union perpétuelle. Guillaume de *Nassau*, prince d'Orange, est proclamé premier magistrat de la nouvelle république, sous le nom de Stadhouder. Chacune des provinces confédérées conserva son indépendance particulière, ses lois, ses magistrats; mais elles devaient se réunir contre les ennemis du dehors. On confia les intérêts généraux à la surveillance d'un conseil commun, sous le nom d'Etats-Généraux. Ce conseil fut composé des plénipotentiaires des sept provinces. Ces plénipotentiaires ne pouvaient ni déclarer la guerre, ni faire la paix, ni lever des troupes, ni établir des impôts, ni contracter des alliances sans y être expressément autorisés par les provinces dont ils étaient les délégués; et s'ils passaient leurs pouvoirs, ils étaient soumis aux peines que les Etats respectifs jugeaient à propos de décerner.

Le gouvernement des Anglo-Américains

_____

(1) Le 25 janvier 1579.

était fondé sur des bases différentes. C'était aussi une république fédérative, dont chaque état en particulier, restant indépendant, conservait tous les pouvoirs qui n'étaient pas expressément attribués, par l'acte de la fédération, au corps chargé de maintenir l'union fédérale.

Ce corps fut nommé congrès, et composé des députés de chacune des colonies confédérées. Dans cette assemblée, les délégués décident de la paix et de la guerre, envoient et reçoivent des ambassadeurs, règlent les alliances avec les nations étrangères, de manière cependant que la législature particulière de chaque Etat reste maîtresse de prohiber, sur son territoire, l'importation de toute espèce de denrée et de marchandise, et d'établir les droits d'entrée qu'elle juge convenables.

Le congrès fixe le titre et la valeur des monnaies frappées à son coin ou à celui des Etats respectifs, détermine les étalons des poids et des mesures, nomme les officiers généraux de terre et de mer, règle la discipline militaire, dirige les opérations des armées et le service de la poste, termine les contestations entre les habitans des Etats

Unis et les aborigènes, pourvu que le droit législatif de chaque Etat soit respecté ; jugé en dernier ressort les différends nés entre plusieurs Etats au sujet des limites, de la juridiction, ou de tout autre objet.

Deux ou plusieurs Etats ne peuvent conclure entre eux une alliance particulière sans le consentement du congrès, ni entretenir en tems de paix une plus grande quantité de troupes, ou un plus grand nombre de bâtimens de guerre que le congrès n'en a voté. Aucun Etat ne peut même armer pour sa défense, hors le cas d'une invasion dont le danger imminent ne laisse pas le tems de consulter le congrès.

Toutes les dépenses communes, ordonnancées par le congrès, sont tirées du trésor public formé par une taxe territoriale déterminée par le congrès, répartie et levée par la législature des divers Etats dans les tems fixés par le congrès. Les membres du congrès sont nommés annuellement selon le mode adopté par chaque Etat. Cette nomination se fait le premier lundi du mois de novembre ; le même individu ne peut être délégué au congrès plus de trois ans de suite ; il est défendu aux membres du congrès de posséder aucun office lucratif, pendant le tems de leur magistrature. Aucun Etat n'exerce sur un autre ni supériorité ni prééminence. Le congrès élit un président annuel qui devient le chef et l'organe de l'assemblée nationale.

Le tribunal des Amphictyons ne parvint pas long-tems à arrêter cet esprit de mésintelligence qui se met presque toujours entre les Etats fédératifs. On vit cette assemblée de représentans, abandonner les plus importantes fonctions, pour s'occuper de questions religieuses, au moins ridicules. La force générale de la Grèce cessa de réagir sur l'ambition de chacun des Etats renfermés dans ce beau pays, et la confédération fut dissoute.

La ligue achéenne semblait destinée par sa position à une plus longue durée. L'Achaïe, province du Péloponèse, s'étendait le long du golfe de Corinthe ou de Lépante, le long de la mer Ionienne, jusqu'à la province de Béveldère. Les villes qui composaient cette association étaient Corinthe, Ægium, Patræ, Dymé, Pharée, Tritoée, Leuntium, Ægire, Pellène, Bura-Ceraunia, Oleos, Hélia et Orchomène. Philippe et ses descendans, après avoir subjugué la Grèce malgré son nœud fédératif, laissèrent en paix la répu-

blique achéenne. Elle respirait avec la même
liberté que les républiques de Raguse et de
Saint-Marin, malgré le voisinage des puissances formidables. L'Achaïe servit même
de réfuge aux Grecs qui ne voulaient pas
cesser d'être libres ; mais elle ne put résister
à la politique des Romains. Ils détachèrent
de la ligue, par leurs intrigues, une partie
des villes qui la composaient, et *Metellus*
subjugua les autres.

Ce fut de la même manière que les Romains se rendirent maîtres successivement
de toute l'Etrurie. *Strabon* rapporte que les
troupes de chacune de ces associations partielles, dont l'ensemble formait la république
fédérative de Toscane, se réunissaient quelquefois contre l'ennemi commun ; mais que
plus souvent des intérêts particuliers rompaient ce concert. Les Romains profitèrent
de ces divisions attachées par la nature des
choses aux républiques fédérales.

Le territoire des Suisses ne fut jamais
envahi avant la révolution de France ; mais
loin que cet avantage fût le résultat du lien
fédératif, le morcellement de la souveraineté
embarrassant la marche du gouvernement,
le corps helvétique eût été menacé d'une

dissolution inévitable, si les Alpes, qui en-
tourent la Suisse de toutes parts, ne lui
servaient de remparts. La même faiblesse
se remarquait dans le gouvernement des
Provinces-Unies. Presque jamais un parfait
concert ne régnait entre elles : la jalousie
des cours de Londres, de Paris et de Vienne,
était leur véritable bouclier. Mais quand les
Français furent maîtres de la Belgique, ils
n'eurent qu'à se présenter sur les bords du
Rhin et de la Meuse, pour détruire la confédération batave.

Je ne parlerai plus de la confédération
américaine. Ce mode de gouvernement convient parfaitement à un peuple isolé qui ne
redoute les attaques d'aucun voisin. Il semble
que tous les raisonnemens de *Montesquieu*,
en faveur des républiques fédératives,
eurent en vue les Anglo-Américains.

« La forme de cette société (1) prévient
tous les inconvéniens. Celui qui voudrait
usurper ne pourrait guère être également
accrédité dans tous les Etats confédérés. S'il
se rendait trop puissant dans l'un, il alar-
merait les autres; s'il subjuguait une partie,

_____

(1) Esprit des lois, liv. 9, chap. 1.

celle qui serait encore libre pourrait lui résister avec des forces indépendantes de celles qu'il aurait usurpées, et l'accabler avant qu'il eût achevé de s'établir.

» S'il arrive quelque sédition chez un des membres confédérés, les autres peuvent l'appaiser. Si quelques abus s'introduisent, ils sont corrigés par les parties saines. Cet état peut périr d'un côté, sans périr de l'autre. La confédération peut être dissoute, et les confédérés rester souverains. Composé de petites républiques, il jouit de la bonté du gouvernement intérieur de chacun, et à l'égard du dehors, il a, par la force de l'association, tous les avantages des grandes monarchies. »

Mais ce tableau ne saurait être appliqué à l'Allemagne, regardée aussi comme une république fédérative. Ce vaste et superbe pays serait devenu le modérateur de l'Europe, s'il n'avait formé qu'un seul Etat. Morcelé en mille souverainetés, toute la force qu'il tient de la nature s'est évanouie sous la faiblesse de ses institutions. Malgré la bravoure des Allemands, l'Allemagne a été vaincue presque aussi souvent qu'attaquée. La France et la Suède lui enlevèrent successivement une partie de ses provinces; et si l'antique Germanie n'a pas subi le sort de la Pologne, elle doit son existence aux deux monarchies d'Autriche et de Prusse, qui lui procurèrent long - tems quelque stabilité, lorsque toutes les autres parties de l'Etat tendaient à se dissoudre.

Je ferais un livre au lieu d'un article, si je voulais développer toutes les difficultés locales dont l'enchevêtrement multiplié d'une infinité de manières, arrêtent l'unité de moyens et de vues, seule capable de faire naître la prospérité d'une république étendue et ramifiée par des principes différens. L'expérience a démontré qu'une grande nation ne trouvera jamais, dans un nœud fédératif, le gage de sa tranquillité et de son indépendance. La faculté avec laquelle l'Empereur *Napoléon* a changé le nœud fédéral de la république germanique, répand sur cette expérience le degré de conviction le plus évident.

~~~~~~

CHAPITRE XV.

Gouvernement de Venise.

LE gouvernement de Venise fut démocratique dans son principe ; des magistrats annuels, sous le nom de tribuns ou de consuls, faisaient exécuter les lois établies par le peuple dans les assemblées générales. Les Brigues, entraînées par les élections fréquentes, avaient déterminé les Venetes (1) à réunir les branches de l'autorité publique entre les mains d'un seul homme, auquel fut donné le nom de duc ou de doge. Cette dignité fut confiée à *Paulocio Anafesto* par les soixante-douze îles qui forment aujourd'hui les soixante-douze paroisses de Venise. Le doge jouissait de sa dignité durant sa vie. Le peuple entier ne conservait que le droit de faire des lois et d'élire le doge.

––––––––––––––––––––––––––

(1) Vers l'an 697.

Les abus que les doges firent dans la suite
de leur pouvoir, engagèrent les Vénitiens à
e restreindre par la création d'une assemblée de représentans, auxquels fut confiée
a puissance législative. Ils se retrouvèrent
u sein de la démocratie, sans que cette
évolution (1) eût causé la moindre secousse
dans l'Etat. Il n'en fut pas ainsi lorsqu'ils
passèrent sous le joug de l'aristocratie qui
ubsistait de nos jours. La commotion, compagne de cet événement, fut sur le point
de détruire la ville de Venise.

Un grand nombre de familles vénitiennes
étant venues à bout de réduire l'autorité du-
le, cherchaient les moyens de s'attribuer
exclusivement le droit de la conférer, et
de s'investir elles-mêmes de la puissance
publique. Le corps des représentans, auquel
on donna le nom de grand-conseil, fut composé de quatre cent cinquante ou soixante
députés, qui devaient être renouvelés par
moitié chaque année, par un corps électoral
nommé par les soixante et douze quartiers.
Il était naturel que ce corps fût composé

---

(1) En 1172, chron. d'André Dandolo.

d'hommes accoutumés à manier les affaires.
Les magistratures ne tombaient que sur un
certain nombre d'individus qui se les passaient de main en main. Ces familles privi-
légiées affectaient une extrême popularité ;
elles avaient toujours à la bouche les grands
mots de liberté, d'amour de la patrie, d'intérêt du peuple. A les entendre, les mêmes
familles n'accaparaient les grandes places que
pour en exclure des gens moins attachés
qu'eux au nouveau gouvernement ; l'assemblée générale était même encore convoquée
de tems en tems, surtout pour confirmer
l'élection d'un nouveau doge.

Peu à peu cette confirmation ne fut qu'un
vain cérémonial : on demandait au peuple
son consentement pour la forme, sans qu'il
eût réellement le pouvoir d'improuver la
nomination faite. Depuis l'installation de
Sebastiano *Ziani* ou *Zianti*, le premier
doge élu par le grand-conseil en 1173, jusqu'à la mort de Jean *Dandolo* en 1290, il
ne fut donné par le peuple aucune marque
d'inquiétude. Cependant les familles qui
s'étaient perpétuées dans le gouvernement,
prenaient le nom de familles patriciennes ;
les finances, l'administration de la justice et

les places militaires se trouvaient dans leurs mains. '

A la mort d'André *Dandolo*, les citadins de Venise, sentant enfin la faute qu'ils avaient faite, voulurent rentrer dans leurs droits. C'était trop tard; leurs chaînes étaient rivées de manière qu'il ne leur fût pas possible de les rompre. Le peuple, assemblé tumultueusement sur la place de Saint-Marc, défend au grand-conseil de prendre part jusqu'à nouvel ordre aux affaires publiques, et procède lui-même à l'élection du nouveau doge. L, circonstance était singulièrement délicate. Toutes les subtilités des plus habiles discoureurs se trouvaient en défaut devant l'universalité des citoyens, dans laquelle les patriciens n'osaient pas encore nier publiquement que résidât la souveraineté. Il est probable que c'en était fait du patriciat, si le peuple eût élevé un plébéien à la dignité de doge. Il proclama Jean *Tiepolo*, issu d'une famille patricienne, mais recommandable par sa popularité.

Tiepolo était un de ces hommes qui, sous le voile du bien public, savent cacher leurs vues ambitieuses. Sans renoncer à la nomination faite en sa faveur, il eut l'art de la

rendre inutile, en se dérobant aux empres-
semens de la multitude, persuadé que d'un
côté l'obstination des plébéïens à maintenir
leur choix, et de l'autre la situation des
affaires extérieures, qui nécessitait la prompte
création d'un doge, favoriseraient les patriciens. La guerre la plus acharnée existait
alors entre Venise et Gênes. Les nombreux
partisans de *Tiepolo* empêchaient que le
peuple ne procédât à une nouvelle élection,
sous prétexte que ce magistrat, éloigné de
sa patrie pour des affaires particulières, ne
manquerait pas d'y revenir dès qu'il aurait
connaissance de son élection.

Insensiblement le peuple, qui partout est
le même, prompt à prendre des partis extrêmes, et plus prompt encore à les abandonner, ne poursuivait plus son entreprise
avec la même chaleur. Les citadins, rappelés
dans leurs familles par leurs affaires domestiques, abandonnaient, les uns après les
autres, la place publique. Il fut enfin convenu que, sans tirer à conséquence, le grand-
conseil procéderait à l'élection d'un doge,
selon les formes accoutumées.

Pierre *Gradenigo* fut choisi par les patriciens. C'était un homme d'une intrépidité

qui lui faisait braver tous les périls. D'abord
pour mettre sa personne hors de toute
responsabilité, il signa un décret qui trans-
férait au grand-conseil toute l'autorité dont
les doges avaient joui jusqu'alors. Ces magistrats ne furent plus que les présidens du
sénat. Ils restaient environnés de l'éclat
extérieur de la puissance souveraine ; les
affaires étaient traitées en leur nom ; mais,
dans le fait, leur autorité surpassait à peine
celle du moindre sénateur. Dès-lors la nomination du doge n'eut presque plus d'importance. Les Vénitiens, occupés de la guerre
contre les Gênois, parurent faire peu d'attention à ce changement ; la paix se fit en 1299,
et les rendit plus attentifs au gouvernement
de leur patrie.

Une conspiration fut ourdie ; son chef
était un plébéïen, nommé *Marino Baccone*
ou *Bacconio*, qui s'était distingué durant
la dernière guerre. On connaît peu les véritables projets des conspirateurs. Les anciens
monumens de l'histoire de Venise ne sont
parvenus jusqu'à nous que sous le bon plaisir
de l'aristocratie vénitienne ; et chacun sait
combien avant l'invention de l'imprimerie,
il était facile à un parti dominant de dé-

truire jusqu'aux dernières traces des écrits favorables au parti qui se trouvait écrasé.

On nous dit que *Bacconio* et ses adhérens avaient résolu d'assassiner, dans une seule nuit, le doge *Gradenigo* et tout le grand-conseil, sans faire attention combien il était impossible qu'un pareil secret, qui devait être confié à plusieurs milliers de personnes, fût gardé dans l'enceinte d'une ville où les intérêts les plus intimes sont étroitement et perpétuellement croisés. Les sanguinaires projets des conjurés pourraient bien n'être qu'une invention des patriciens, pour faire envisager comme nécessaire la barbarie employée par eux dans cette rencontre. Tous les conjurés, vrais ou prétendus, furent arrêtés secrètement et noyés dans les canaux de Venise, à mesure qu'ils étaient conduits devant le grand-conseil. Voilà ce qui est très-vrai.

Le lendemain de cette affreuse exécution, une morne stupeur avait saisi tous les citadins. Peu de familles qui n'eussent à pleurer un parent ou un ami. Chacun craignant que son voisin ne fût un espion des patriciens, cachait son désespoir dans le fond de son ame. Le peuple tomba dans un abattement apathique. Le grand-conseil, environné de toutes les forces de l'Etat, profita de cette disposition des esprits pour cimenter sa puissance.

Pendant quatre ans consécutifs, depuis 1309, presque tous les membres du grand-conseil furent continués dans leurs fonctions; on excluait seulement de ce corps, chaque année, quelques sénateurs suspects; on leur en substituait d'autres, jusqu'à ce que le conseil ne fût composé en entier que de partisans du doge *Gradenigo*. Alors fut publié l'édit que les Vénitiens appelèrent la clôture du grand-conseil.

Il réglait que cette assemblée, dans laquelle résidait la puissance législative, ne serait composée désormais que des seules personnes qui en faisaient alors partie, et de leur posté-rité, et qu'aucun individu d'une autre famille n'y parviendrait sans un décret de la sei-gneurie. Les amis de *Gradenigo* se flattaient que l'espoir d'être admis un jour dans la caste gouvernante, étoufferait les murmures. C'était un calmant offert par leur politique aux mécontens, ou bien un coup de cette magie puissante, avec laquelle ceux qui changent les ressorts des Etats enchaînent la multitude, et préviennent les effets de l'inquiétude publique.

La vengeance exercée par le grand-conseil quelques années auparavant, avait fait sur le peuple une impression de frayeur si forte, que l'exécution de ce despotique règlement n'eût peut-être causé que de vaines plaintes, s'il n'eût profondément blessé l'amour-propre des familles qui se regardaient comme aussi patriciennes que celles qui montaient au rang des souverains. Venise se vit bientôt partagée en deux factions; elles se donnaient respectivement le nom de Guelphes et de Gibelins, sous lequel toute l'Italie était alors ensanglantée.

A la tête du parti de l'opposition se montrait Boëmond *Tiepolo*, fils du doge élu par le peuple, après la mort d'André *Dandolo*. Cette insurrection n'était pas du nombre de celles qu'un gouvernement peut calmer par quelques propositions pacifiques qu'il interprète à sa manière après l'événement. Les deux partis étaient animés par les passions les plus actives, l'ambition et l'intérêt. Des deux côtés on prend les armes. La ville de Venise, malgré sa situation dans la mer, est le champ de bataille choisi pour terminer ce mémorable différend. L'armée des nobles et celle des populaires se rendent sur la place de Rialto, devant le palais de Saint-Marc; d'un côté la prise, de l'autre la défense de ce château qui recélait le trésor public et les archives de l'Etat, sont l'objet des efforts des combattans. Le parti de *Gradenigo* triomphe. Ceux qui attendaient, pour se décider, de quel côté tournerait la victoire, et qui sont toujours en grand nombre dans une ville riche et populeuse, se rangent en foule sous les drapeaux du grand-conseil. En peu d'heures, la mer fut le tombeau des malheureux Guelphes, à l'exception du petit nombre qui eut le tems de sortir des lagunes de Venise.

Ce fut le dernier effort de la liberté populaire. Il donna naissance au redoutable tribunal des dix, et aux non moins redoutables inquisiteurs d'Etat, qui firent trembler dans la suite les nobles comme les citadins. *Gradenigo* érigea ces deux tribunaux pour la recherche de ceux qui avaient trempé dans la conspiration. Cependant, malgré la sévérité de ce magistrat, qui allait jusqu'à la barbarie, la crainte que l'insurrection dont il venait de triompher ne se renouvelât un

jour, le détermina à faire inscrire parmi les
familles qui devaient composer le grand-
conseil, dans le livre appelé dès lors le Livre-
d'Or, toutes celles dont le patriciat remontait
à l'élection du premier doge de Venise.

Il y avait moins de liberté à Venise que
dans la plupart des monarchies. En vain,
disait-on, les magistratures s'y tempéraient
les unes par les autres. La législation était
confiée au grand-conseil, le pouvoir exécutif
au sénat, et celui de juger aux quaranties.
Ces tribunaux différens se formaient par des
magistrats tirés du même corps, et animés
du même esprit. Les nobles, après avoir
créé les lois dans le grand-conseil, les faisaient
exécuter dans le sénat et dans les quaranties.
Il n'existait à Venise aucun contre-poids à
la puissance patricienne.

La permanence du conseil des dix et des
inquisiteurs d'Etat rendait inébranlable l'asservissement des populaires. Ces deux institutions furent rendues perpétuelles vingt-
cinq ans après leur création. Le conseil des
dix était composé de dix magistrats nommés
chaque année par le grand-conseil. Quoique
le doge présidât à ce tribunal, les dix sénateurs qui le composaient n'avaient pas moins

de pouvoir sans lui, que lorsqu'il y assistait avec ses six conseillers. Tous les crimes d'Etat étaient de son ressort : les accusés n'avaient la liberté de se défendre ni par eux-mêmes, ni par le ministère d'un avocat. Leur procès se faisait dans le silence. On écoutait les dépositions des témoins et les réponses des prévenus : les juges, formant leur vœu sur cette seule combinaison, prononçaient la sentence, et la faisaient exécuter sur-le-champ.

Deux magistrats de ce tribunal, et un des six conseillers du doge, balottés tous les trois mois, composaient le conseil des inquisiteurs d'Etat, le plus formidable et le plus révoltant que jamais les hommes aient institué dans aucun gouvernement. Une bouche de pierre était perpétuellement ouverte aux délations. Sur un simple indice, ou sur la déposition des espions dont la ville abondait, souvent les inquisiteurs d'Etat faisaient noyer un infortuné pour quelques paroles indiscrètes qui lui étaient échappées sur l'administration publique.

Lorsque l'accusation regardait les premières têtes de l'Etat, les inquisiteurs observaient des formalités. Le prévenu était

11*

confronté aux témoins; mais après avoir
écouté ce qu'il avait à dire pour sa défense,
ils avaient le droit de le faire exécuter même
secrètement; sans être tenus de rendre
compte de leur conduite à personne, lorsqu'ils étaient tous trois du même avis. Ainsi
la tyrannie la plus dure s'exerçait à Venise,
sous prétexte d'empêcher l'Etat de perdre
sa liberté. Mais elle est anéantie, la liberté,
dans tout pays où trois hommes peuvent
faire périr, dans le silence et à leur volonté,
les citoyens qui leur déplaisent.

CHAPITRE XVI.

Gouvernement d'Angleterre; pouvoir législatif et exécutif; distinctions des personnes.

Si on voulait raconter comment la constitution anglaise s'est formée, on ferait un volume; il ne faut qu'un chapitre. Le tems est court. Le passé ne tient à nous que par son influence sur le présent et sur l'avenir.

On ne connaît, en Angleterre, que les deux puissances législatives et exécutives; le pouvoir judiciaire découle de l'une et de l'autre. La puissance législative réside dans le parlement; la puissance exécutive est confiée au roi. Le roi décide de la paix et de la guerre, envoie et reçoit des ambassadeurs, contracte des alliances avec les nations étrangères. Sa personne est sacrée et inviolable. Il ne peut même avoir tort selon la loi. La justice se rend en son nom. Il donne les emplois militaires, civils et ecclésiastiques; il crée les pairs et les chevaliers; il est la source des honneurs et des graces.

Cette autorité, qui paraît sans borne, se trouve circonscrite par la puissance législative. La personne du roi est sacrée, mais tous ses agens sont soumis à l'inspection de la loi; ils ne peuvent la transgresser sans se perdre. Sans cesse sous les yeux du public, sous la surveillance des deux chambres du parlement, toutes voies sont ouvertes à ceux qu'ils auraient opprimés, pour demander et obtenir justice; toutes les oreilles sont attentives aux plaintes portées contre les préposés de l'administration. Les lois veillent pour les punir. Le parlement pèse sur le roi, le roi pèse sur le parlement. De cette double pression naît l'équilibre politique.

Voltaire a dit : La chambre des pairs et celle des communes sont les arbitres de la nation anglaise; le roi est le sur-arbitre. *Voltaire* s'est trompé, et l'Encyclopédie, qui l'a copié, s'est trompée après lui. Le sur-arbitre est introduit dans une discussion pour mettre les arbitres d'accord. Si les deux arbitres sont de même avis, le sur-arbitre n'a rien à faire. Il n'en est pas ainsi dans la législation anglaise. Lorsqu'un bill a passé dans les deux chambres, tout n'est pas fait. La sanction royale lui est nécessaire pour devenir loi publique. Le refus de cette sanction fait partie de la prérogative royale.

Le parlement britannique se compose de trois fractions de pouvoir. Elles exercent les unes sur les autres la puissance tribunitienne. Le roi d'Angleterre est une de ces fractions du pouvoir législatif, la chambre des pairs la seconde, la chambre des communes la troisième.

Le parlement fait la loi, la change, l'explique, la révoque. Personne que lui ne peut l'interpréter. Tout juge est tenu d'en suivre la lettre, sans altération, sans variantes. Le parlement impose et répartit les subsides, fixe les dépenses publiques, assure au roi, pour l'entretien de sa maison, la somme qui lui paraît convenable. Ordinairement, les impôts ne sont établis que pour un an. Si le roi abuse de sa prérogative, le parlement jouit du droit de refuser les subsides, jusqu'à ce que les abus soient réformés.

Une loi, ayant réuni en sa faveur la majorité des voix des communes, est censée acceptée dans cette chambre. Un messager d'Etat la porte à la chambre des pairs. Les pairs peuvent rejeter le bill des communes; mais, lorsqu'il s'agit d'une levée de deniers,

il ne leur est pas permis d'y rien changer;
ils sont tenus d'accepter ou de rejeter, sans
restriction. La résolution prise par les deux
chambres, ne peut être exécutée sans l'aveu
du roi. Ainsi se balancent les trois pouvoirs:
aucun ne peut empiéter sur l'autre. Le *veto*
existe, mais personne ne prononce ce mot
dur à entendre.

Quand la chambre des pairs rejette un
bill, elle ne fait point de réponse aux communes; le *veto* des pairs s'annonce par ce
silence. Quand les deux chambres adressent
au roi le bill adopté par elles, si le prince
le rejette, il se contente de répondre qu'il
l'examinera, et il n'en est plus parlé.

Au roi appartient le droit de suspendre,
de proroger, de dissoudre les deux chambres à sa volonté; mais la même législature
est dissoute de droit au bout de sept ans.
Précaution conservatrice de la liberté, elle
empêche que le roi, ayant gagné la majorité
des suffrages d'une chambre des communes,
ne puisse prolonger à son gré son existence,
et dominer ainsi sur la nation.

Au moyen de cette combinaison, le *veto*
du roi, absolu selon la loi, n'est cependant
en effet que suspensif. Les dissensions devien-

nent-elles trop vives dans une législature,
l'esprit de parti l'emporte-t-il sur la raison,
le roi suspend l'assemblée, et donne aux
passions le tems de se calmer. Si les passions
irritées par les obstacles franchissent toutes
les bornes, si on est prêt à prendre un parti
funeste, le roi dissout le corps législatif :
voilà le *veto* absolu.

Mais comme, selon la loi, un nouveau
parlement doit être sur-le-champ assemblé,
que d'ailleurs les ministres répondent sur
leur tête des mauvais conseils qu'ils auraient
donné au roi, cette dissolution avertit la
nation entière de s'instruire des causes de
cette dispute, de juger entre le roi et les
députés : l'effet du *veto* n'est que suspensif.

Si la conduite du roi obtient l'assentiment
général, les villes et les comtés font choix
de députés plus disposés à se conformer aux
intentions de la cour. Dans le cas contraire,
on en choisit de plus déterminés à résister
au roi. Quelquefois on élit les mêmes députés qui composaient la chambre des communes dissoute. Ce parlement avait pu être
mu par un esprit de parti, mais la nouvelle
chambre apporte le vœu national. Si elle a
tort, si elle est passionnée, c'est le tort, c'est

la passion du public ; le roi est contraint, par la marche du gouvernement, de se laisser entraîner par le torrent de l'opinion générale. Dans cette circonstance, le ministère est ordinairement renouvelé.

A la mort de chaque roi, les concessions que les deux chambres lui avaient faites pour l'entretien de sa maison, s'éteignent avec lui. Son successeur fait un nouveau traité avec le parlement. *De l'Olme* remarque (1) avec justice que, dans les premiers momens d'un nouveau règne, où le roi et la nation cherchent également à se complaire, il est ordinaire que le parlement accorde généreusement au prince les moyens de soutenir sa dignité avec éclat; mais si, dans les jours de sa jeunesse, il avait montré des goûts déprédateurs, la nation deviendrait sévère, le parlement imposerait dès ce moment un frein à ses passions.

Toute la puissance royale s'appuie sur la loi, et non sur la force des armes. Lorsqu'en 1689, le parlement britannique supprima

_____

(1) Dans son ouvrage sur la constitution d'Angleterre.

plusieurs prérogatives de la couronne, comme nuisibles à la liberté publique, ces préroga- tives cessèrent d'exister, mais aucun corps ne s'en empara. Le roi ne peut augmenter le nombre des troupes sans le concours du parlement. Le parlement règle tout ce qui concerne leur solde. Les troupes ne peuvent approcher de tous les lieux où doit se faire l'élection d'un membre du parlement.

Les membres de la chambre des communes, quand elle est complète, sont au nombre de cinq cent cinquante-trois, quatre-vingt-douze députés des comtés, cinquante-deux députés de vingt-cinq grandes villes, seize pour les villes appelées des *cinq ports*, deux pour chacune des universités de Cambridge et d'Oxfort, douze pour la principauté de Galles, quarante-cinq pour l'Ecosse, et trois cents trente-deux pour cent quatre-vingts bourgs. Le parlement d'Irlande ayant été réuni ces années dernières au parlement britannique, il en est résulté une nouvelle augmentation dans la chambre des communes.

Dans cette distribution de la représenta- tion nationale, se trouve un grand nombre d'abus dont se plaignent les Anglais, mais qu'ils n'ont pas réformés, tant ils craignent

de toucher à une constitution dont ils sentent
les précieux avantages, tant ils sont profondément convaincus que le mieux est souvent
ennemi du bien. Il est certain que le droit
de députer au parlement, donné autrefois
aux villes et aux bourgs, en proportion de
leur importance, étant toujours resté le
même, sans égard aux variations apportées
par le tems à leur population respective,
des villes considérables autrefois, et presque
sans habitans aujourd'hui, nomment deux
députés au parlement, tandis que d'autres
cités, devenues riches et populeuses, n'en
nomment qu'un et quelquefois point. Cette
intervention à l'ordre constitutif de toute
représentation nationale, est si sensible en
Angleterre, que plusieurs publicistes hésitent
de donner aujourd'hui, aux membres de la
chambre des communes, le titre de représentans du peuple anglais.

Dans la chambre des pairs, ont séance les
princes du sang, les grands officiers de
l'Etat, les ducs, les marquis, les comtes,
les évêques en qualité de pairs, les vicomtes
et les barons. Leur nombre n'est pas déterminé. Cette chambre est regardée comme
la suprême cour de justice criminelle du

royaume. La chambre des communes fait les enquêtes, mais elle n'est pas cour de justice.

En Angleterre, la loi ne donne le titre de noble (*nobleman*) qu'aux pairs. Leur dignité n'éveille ni la jalousie, ni l'envie; n'engendre ni la haine, ni le mépris entre les diverses classes de la société, parce qu'elle est une partie essentielle du corps politique, et que la porte en reste constamment ouverte au mérite, sans distinction de naissance. On ne voit pas en Angleterre l'inutilité, l'oisiveté, l'incapacité et l'insolence, envahir toutes les places, toutes les distinctions, en créer d'idéales, les exiger comme un droit indépendant de tout mérite personnel, abaisser même le mérite personnel, lorsqu'il n'est pas accompagné de distinctions créées par le hasard, et soutenues souvent par la bassesse et l'ineptie.

Les enfans des évêques n'héritent pas de la dignité de leur père. A l'égard des autres pairs, la noblesse dont ils jouissent passe à leur fils aîné. Les autres enfans ne partagent pas les avantages de la pairie. Il arrive fréquemment que de deux frères, l'un siége à la chambre des lords, l'autre à celle des communes. Les parens des pairs, et toutes les familles qui en descendent ou qui leur sont alliées, confondus par la loi avec le reste de la nation, en sont distingués par l'usage et par la politesse; mais ces égards dérivent de-la courtoisie nationale, et non d'aucun droit revendiqué par ces familles.

Loin de connaître ces mots, déroger, se mésallier, les maisons les plus distinguées d'Angleterre partagent les utiles travaux du peuple, exercent les professions lucratives qui maintiennent leurs familles dans l'abondance. Persuadées de la nécessité de l'instruction, pour devenir quelque chose dans l'Etat, elles développent, par une excellente éducation, les talens de leurs enfans, et les rendent propres à disputer d'énergie, de sagacité, en présence de la nation assemblée.

Il résulte de cet ordre de choses, que la noblesse anglaise, soit la noblesse légale ou celle de courtoisie, est la seule noblesse du monde libre, riche et savante. Le titre de gentilhomme (*gentle man*), ne lui appartient pas exclusivement; on le donne, en Angleterre, à tous les individus au-dessus des dernières classes du peuple.

Souvent le roi confère le titre de chevalier

à des savans ou à des artistes. Ce sont des distinctions purement personnelles. Elles excitent l'émulation sans humilier l'amour-propre. Les personnes élevées par le roi à la dignité de pairs, prennent sur-le-champ le rang que la loi leur assigne, au milieu des familles les plus qualifiées, sans passer par l'intermédiaire d'annoblis. Tout le monde leur donne le titre de monseigneur (milord).

Tous les pairs ont reçu du roi leur titre, et rien de plus. L'un est duc de Dorset, et n'a pas un pouce de terre en Dorsetshire; l'autre est comte d'un village, qui ne le connaît d'aucune manière. Les lords ont du pouvoir au parlement, et non ailleurs. Vous n'entendez pas parler en Angleterre de haute, moyenne et basse justice, ni du droit de chasser sur les terres d'un particulier, lequel n'a pas la liberté de tuer un lièvre qui mange les choux de son jardin. Un homme, parce qu'il est pair ou évêque, n'obtient de la loi aucun avantage pécu-niaire. Il paie les impôts, non selon sa qua-lité, mais en proportion de ses revenus.

On trouve en Angleterre beaucoup de paysans qui jouissent de cinq à six cents liv. sterling de revenu, et qui ne dédaignent pas de cultiver la terre sur laquelle ils vivent libres et heureux ; ceux qui sont moins fortunés, ne laissent pas d'être considérés : le désir de parvenir au parlement, non-seulement s'oppose à ce qu'aucun riche propriétaire ne tyrannise les habitans des campagnes, mais les détermine à mériter par leur bienfaisance, l'amour et l'estime des pauvres. De cette source s'élève, en faveur des infortunés, une émulation de générosité, un esprit général de bienfaisance. Cet esprit qui n'existe peut-être qu'en Angleterre, parce qu'ailleurs il ne saurait avoir la même récompense, anime les arts mécaniques, les manufactures, et fait prospérer les campagnes.

CHAPITRE XVII.

Administration de la Justice.

LA loi anglaise protège également tous les individus, sans exception de rang. Tous ont le droit d'être jugés par leurs pairs. Les procès criminels s'instruisent publiquement; les accusés choisissent des défenseurs : tous moyens de se justifier leur sont offerts.

Dans les pays où des corps entiers de citoyens privilégiés se sont soustraits, par le fait, au joug des lois et au fardeau des impôts, les peuples sont opprimés, les lois sans force, la justice est mal rendue, les supplices sont révoltans; même sous des princes éclairés et avec des magistrats vertueux et sensibles. Que tous ceux qui jugent ne puissent interpréter les lois, et soient jugés à leur tour sans privilége, presque tous les jugemens seront sains. Que ceux qui imposent les taxes les paient, les impôts seront modérés. Que les membres du corps législatif soient sujets aux mêmes poursuites et aux mêmes châtimons que les simples citoyens, la justice criminelle prendra la qualité qui lui convient, de sévérité mêlée de douceur : car l'homme est faible et sujet à l'erreur.

On se plaint en Angleterre de plusieurs défauts dans l'administration de la justice civile : la compétence des tribunaux n'est pas exactement réglée ; tout demandeur est presque le maître de choisir celui qui lui convient. C'est peut-être aux bonnes mœurs, plus qu'aux bonnes lois, que la Grande-Bretagne est redevable de l'équité des sentences pour la décision journalière des propriétés. Mais à l'égard de la justice criminelle, il est difficile de combiner avec plus de précision la sûreté publique avec la sûreté personnelle de chaque individu.

Une des principales prérogatives du roi, est d'être considéré comme le conservateur de la paix publique. En cette qualité, il nomme dans chaque comté les shérifs et les juges de paix, et peut les révoquer. Ces charges sont ordinairement remplies par les plus grands seigneurs du royaume. Le shérif choisit les jurés, et fait exécuter les sentences des juges.

C'est un principe en Angleterre de ne

juger jamais un homme qui n'a pas été entendu dans ses défenses ; mais en même tems la loi punit avec sévérité la résistance à tout ordre légal de paraître en justice. Si l'ordre légal est injuste, vous aurez recours contre celui qui l'a rendu ; mais d'abord il faut obéir. Tout citoyen doit se considérer comme privé de sa liberté, aussitôt qu'un connétable l'a touché, en lui disant qu'il est prisonnier du roi. Il n'est pas permis de prendre la fuite, moins (1) encore de faire résistance. Devenu, par sa fuite prolongée, hors de la loi (*out law*), l'accusé n'a plus de protecteur, n'a plus d'asile : sa tête est dévouée comme celle des animaux malfaisans. Il ne peut se procurer la paix du roi, qu'en se mettant entre les mains de la justice.

Cependant, la loi anglaise a perdu une

---

(1) La loi punit de mort celui qui refuse de répondre lorsqu'il est cité devant un juge. Mais c'est la désobéissance qu'elle punit. On ne continue pas le procès sur le crime dont le prévenu était accusé ; les effets de la condamnation à la peine *forte et dure*, sont différens de ceux de la condamnation à la suite d'un procès régulier, de ce que la loi anglaise appelle *attainder*.

12*

partie de sa sévérité contre l'*out law*, depuis qu'une grande quantité d'actions civiles se sont introduites dans les tribunaux, sous les formes des actions criminelles. Ces procédures mitoyennes autorisent une fuite, une *out lawri*. Celui qui a tué ou mutilé un *out law*, n'est excusable aujourd'hui qu'en raison de la résistance faite par le prévenu, lorsqu'on voulait le conduire devant le juge.

Amené devant un des gardiens de la paix (1), l'accusé commence à éprouver la protection de la loi. Ce magistrat peut et doit le renvoyer libre, si l'accusation lui paraît frivole ou non prouvée ; et si le délit est grave et accompagné de circonstances capables de balancer la présomption générale de l'innocence, l'accusé doit être envoyé dans la prison spécialement indiquée par la loi, sous la conduite des officiers subalternes de paix. Le juge de paix est tenu de faire mention expresse, par un acte signé de sa main et scellé de son sceau, du délit dont le

----

(1) C'est en Angleterre le véritable titre des juges de paix.

prévenu est accusé. L'omission de cette formalité rendrait son ordre illégal, et l'exposerait à un procès fâcheux : il doit aussi indiquer le nom des témoins qui ont déterminé sa décision.

Dans cette prison, où la loi a déterminé le tems au-delà duquel le procès du prévenu ne peut être retardé qu'à sa propre requête, il lui reste deux moyens de se procurer la liberté provisoire : deux juges de paix, dont l'un du moins doit être de première classe (1), peuvent l'admettre à caution ; leur ministère est purement gracieux. Ils ne sauraient refuser d'entendre les prisonniers ; s'ils rejètent sa demande, il peut recourir à l'*habeas corpus*.

C'est une cédule royale qui ne peut être refusée à aucun détenu devant un tribunal ordinaire, en vertu de laquelle le concierge de la prison est tenu de le transporter, dans

_____

(1) Tous les juges de paix ont une égale autorité pour le maintien de la paix du roi. Ils sont partagés en deux classes : ceux de la première sont connus sous la dénomination de *quorum*; il serait long et peu intéressant d'expliquer l'origine de cette différence.

le plus bref délai, devant le plus prochain tribunal supérieur. Là, dans une audience publique, il demande sa liberté provisoire sous caution ; et après que son défenseur, celui du plaignant, et le procureur-général ont été entendus, le tribunal prononce au nom de la loi, ou l'élargissement provisoire du prisonnier (1), ou la continuation de sa détention.

Le terme fixé par la loi est fatal pour les poursuivans. S'ils ne se présentent pas, l'accusé est mis en liberté. Il n'est cependant pas acquitté (*acquitted*), mais seulement renvoyé (*dimissed*). Le plaignant qui a fait défaut peut renouveler sa plainte, après avoir payé les intérêts et les dépens.

Je ne parlerai pas de la procédure et du jugement définitif, ces objets sont généralement connus ; mais je dois expliquer l'action de faux emprisonnement, qui l'est beaucoup moins : c'est un remède en faveur de la liberté personnelle de chaque individu.

_____

(1) Il s'ensuit que les détenus, en vertu de la loi martiale, ne peuvent jouir du privilége d'*habeas corpus*.

Quiconque n'a pas enfreint la paix du roi, peut employer ce remède contre tout officier subalterne de paix qui n'aurait pas conduit le prévenu devant le gardien de la paix, dans le plus court délai possible; contre tout juge de paix qui, dans le *mittimus* (1), n'aurait pas fait mention expresse du délit imputé à l'accusé; contre le concierge qui aurait reçu ou retenu un prisonnier sans un *mittimus* en forme légale; contre le juge qui aurait envoyé l'accusé dans une maison de détention, autre que la prison légale; enfin contre tout individu qui aurait retenu un citoyen en charte privée, ou qui aurait empêché l'expédition ou l'effet de l'*habeas corpus*.

Cette action emporte des peines plus ou moins sévères, et surtout des dommages et intérêts considérables.

Dans les tems orageux, il arrive quelquefois que le parlement croit devoir priver les citoyens, pour un tems limité, du bénéfice de l'*habeas corpus*. Le bill rendu à ce sujet,

—————————————————————

(1) C'est l'ordre qui doit être adressé au concierge de la prison.

détermine les signatures et les sceaux nécessaires pour autoriser le refus d'*habeas corpus*,
et priver les détenus du droit d'intenter
action de faux emprisonnement.

La loi anglaise admet la détention comme
punition ; c'est ordinairement dans une
maison de correction et de travail. Une
grande partie des statuts qui imposent ce
genre de peine, autorisent les juges à la
prononcer sans l'intervention des jurés ; et
les lois fournissent des remèdes contre les
abus d'autorité en ce genre, où l'*habeas
corpus* est toujours admis.

Dans tout le système de la procédure anglaise, le serment entre comme partie très-
essentielle. Le parjure peut être poursuivi
par toutes les voies ouvertes en Angleterre
aux accusations. Cependant, comme il se
trouve un grand nombre d'occasions où un
faux serment échappe à la vindicte des lois,
c'est surtout en cette partie où les mœurs
anglaises servent de complément à leur
législation.

De toutes les lois de l'Europe, celles
d'Angleterre autorisent le plus généralement
la contrainte par corps pour dettes. L'exécution rigoureuse d'une mesure qui main-

tient la foi publique, n'est tempérée que par la faveur du cautionnement. Cet objet exigerait un plus grand développement, mais il me mènerait trop loin.

Si dans une circonstance particulière, les lois se trouvent sans pouvoir, par l'effet d'une insurrection, le roi est investi du droit de proclamer la loi martiale. Tous les citoyens se trouvent alors soumis à une dictature militaire. Plusieurs fois le parlement autorisa, par une loi expresse, l'exercice de ce pouvoir terrible. Dans d'autres occasions le roi s'en est revêtu de lui-même. Les ministres sont alors responsables : c'est à eux à s'assurer que l'état des choses exige impérieusement ce déploiement extraordinaire de la puissance royale. Le compte qu'ils rendront un jour de leur conduite, roule sur cette nécessité. Le roi ordonne à leurs périls et risques la proclamation de la loi martiale, dont l'exercice suspend toutes les autres lois. Les ministres répondent encore du tems que dure cet état forcé. Ils doivent le faire cesser dès qu'il n'est plus indispensable.

Pour éviter une foule de procès, il arrive dans certaines circonstances, que la trauquillité publique étant rétablie, le parlement accorde un acte général d'indemnité, au moyen duquel, ceux qui ont travaillé à faire cesser les troubles, ne peuvent plus être inquiétés. Le roi exerce encore l'autorité dictatoriale, dans le cas d'une invasion étrangère.

CHAPITRE XVIII.

Epoque où la chambre des communes prit en Angleterre la forme qu'elle y conserve aujourd'hui.

La mémoire d'Edouard Ier. est aussi précieuse aux Anglais, que l'est aux Français celle de Louis XII ou de Henri IV. La guerre s'étant déclarée entre ce prince et Philippe le Bel, la difficulté de se procurer les ressources nécessaires pour la soutenir, le conduisit à augmenter la liberté politique des Anglais. Ce fut dans cette circonstance, que la chambre des communes prit la forme qu'elle conserve aujourd'hui. Son père et lui , jusqu'à cette époque, avaient choisi à leur gré les députés des villes et des comtés. Il leur permit en 1295, de choisir librement désormais leurs représentans au parlement. Les communes n'avaient guère alors que le droit de remontrances, tandis que les barons et les évêques admettaient seuls ou refusaient les impôts.

Edouard, consentit en 1296 , qu'à l'avenir aucune taxe ne pût être assise sans le consentement des évêques, des comtes , des barons , des bourgeois, et des autres francstenanciers. Alors le parlement d'Angleterre fut formé de deux chambres. L'une se composa de barons et des évêques, l'autre des représentans des villes et des provinces.

Hume observe deux causes (1) de l'harmonie qui subsista dans le parlement britannique, tandis que les états généraux de France, qui s'établissaient presque simultanément, offrirent presque constamment un foyer de discorde. Les grandes baronies s'étaient divisées en plusieurs petites , par des partages entre frères , ou par des dons du roi. Le prince, pour se faire un plus grand nombre de créatures , séparait assez souvent en plusieurs fiefs les terres qui revenaient à la couronne, par aubaine ou par confiscation. Ces propriétés plus circonscrites exigaient de l'économie et des vertus domestiques de la part de leurs propriétaires. Le nombre des petits barons aug-

---

(1) Histoire d'Angleterre.

mentait de jour en jour. Il formait dans l'Etat un ordre respectable différent des grands feudataires. D'un autre côté les Anglais, alors maîtres d'une partie des ports de France, attiraient chez eux, par leur commerce, l'argent de cette monarchie.

Chez un peuple privé de numéraire, les services dont l'Etat a besoin se rendent en nature, c'est-à-dire, que si l'Etat est menacé d'une guerre, les habitans prennent les armes, se pourvoient de vivres, de chariots, de chevaux, de médicamens; si le prince ou ses agens voyagent, on leur fournit des voitures, des vivres, des logemens; s'il faut fortifier une frontière, les colons élèvent eux-mêmes les murs. Chacun paie de sa personne, de son travail, de ses denrées; ceux qui n'ont rien deviennent bientôt serfs des possesseurs des terres. Cependant tous les travaux s'exécutent avec lenteur. Mais lorsque le numéraire circule abondamment chez une nation, l'homme riche se dispense des travaux personnels en payant des travailleurs. Les impôts établis permettent au prince d'acheter les denrées du propriétaire et les services du non-propriétaire. L'homme industrieux trouve une ressource assurée qui l'arrache à l'esclavage. Tout se fait mieux et plus promptement.

Les Anglais, devenus riches par le commerce, sont, je crois, les premiers en Europe qui renoncèrent à prendre, sans payer, les vivres, les meubles, les chariots, les chevaux dont les rois avaient besoin pour leurs voyages. La grande charte anéantit cette sorte d'impôt. Les rois de France n'y renoncèrent que par l'ordonnance du roi Jean, en 1355. Les barons anglais, au lieu de faire le service personnel, à l'exemple des barons français, dont la plupart étaient sans numéraire, consentirent à échanger ce devoir contre un impôt. Ce subside fut réparti, de concert par les deux chambres du parlement. En France, au contraire, les barons ayant continué à faire le service personnel, ne voulurent payer aucun impôt en argent; il fut réparti sur les seules communes.

La chambre des pairs d'Angleterre ne fut composée que des barons titrés, et de quelques évêques, en qualité de hauts barons; les petits barons non titrés, au lieu de s'isoler comme ceux de France, ne regardèrent pas au-dessous d'eux d'être nommés concurremment avec les francs-tenanciers, pour repré-

senter les comtés et les villes. D'ailleurs,
tout propriétaire anglais payant l'impôt,
sans égard à la naissance, la distinction sub-
sistante entre les petits barons non titrés et
les simples francs-tenanciers, dut s'éteindre
peu à peu. La chambre des communes acquit plus de considération.

Cette chambre, composée indistinctement
de petits barons et de francs-tenanciers,
s'occupa d'abord à fortifier l'autorité royale
contre le pouvoir des pairs ecclésiastiques
et laïques. Les pairs anglais, n'étant pas
aussi puissans que les grands seigneurs de
France, furent bientôt contraints, par la
marche des affaires, à respecter la chambre
des communes.

Il se peut qu'*Edouard*, en signant ces
concessions, n'eût d'autres vues que son
intérêt présent. Il espérait probablement de
les éluder dans la suite, puisqu'il viola perpétuellement la grande charte pendant un
règne de trente-cinq ans. Il fut contraint
onze fois de la confirmer. Enfin, le parlement le força de consentir qu'elle fût lue
deux fois par an dans chaque cathédrale,
et que celui qui entreprendrait de la violer,
fût excommunié.

Cette lecture est peut-être une des institutions les plus sages qu'on ait jamais faites. Il est surprenant que les autres législateurs n'aient pas adopté cette méthode. La religion ne saurait être plus respectable qu'en imprimant dans l'ame des hommes l'amour des lois, et en forçant les magistrats comme les simples citoyens de les observer.

Dès l'an 1296, le parlement britannique était composé de deux chambres. Les villes et les comtés nommaient leurs députés. La liberté publique était assurée, en Angleterre, par des lois dont on connaissait la teneur précise, tandis qu'en France, à peine quelques villes principales sortaient laborieusement de l'état de servitude auquel les hauts barons les avaient réduites.

CHAPITRE XIX.

Gouvernement de France avant le régime de la féodalité.

CLOVIS, dans l'espace de moins de trente ans, fit de la monarchie française un corps presqu'aussi étendu qu'il l'était de nos jours avant la révolution. La promptitude et la grandeur de ces succès sont trop étonnans pour devoir s'attribuer à la force des armes. *Hénault* prouve assez bien que *Clovis* ne conquit pas la Celtique. Les détails de la révolution, durant laquelle les Francs s'établirent dans cette région, ne nous ayant pas été transmis par *Grégoire* de Tours, chacun a dit ce qu'il a voulu sur l'étendue du pouvoir des premiers rois Francs, sur le mode de succession à la couronne, sur le partage des terres entre ces Francs et les aborigènes, sur l'état des personnes, et sur l'autorité du clergé.

J'ai employé ma vie entière à composer une histoire de France, différente, sous un grand nombre de rapports, de celles qu'on a publiées jusqu'à présent. La destruction entière de ma fortune, par l'effet de la révolution, et l'état de stagnation où se trouve la librairie, ne me permettent pas de me flatter que mon ouvrage voie jamais le jour. J'y traitais à fond ces objets importans. Je ne parle ici que du gouvernement des anciens Français.

Montesquieu et *Mabli* ont fait, à ce sujet, leur roman comme les autres. Il était difficile d'en agir autrement, lorsque, faute de monumens littéraires, on a voulu écrire l'histoire sur des conjectures. L'autorité des premiers rois Francs était circonscrite dans des limites étroites. Je n'appellerai pas en preuve le sentiment de Tacite (1). *De minoribus, principes consulunt de majoribus omnes... nec regibus infinita potestas.* Les Francs pouvaient être gouvernés, dans la Celtique, autrement qu'ils ne l'avaient été dans les forêts germaniques. Mais je rapporterai comment *Clovis*, après la bataille de Soissons, n'osa disposer d'un vase précieux

---

(1) Des mœurs des Germains.

butiné sur le territoire de Reims, et réclamé par l'évêque de cette ville. Suivez-moi
jusqu'à Soissons, répondit-il à l'envoyé du
prélat, on y fera le partage du butin, et je
vous satisferai. Dès que tout fut disposé à
faire les lots, *Clovis* pria son armée de laisser
à sa disposition le vase de Reims. Un soldat
s'y opposa, avertit le roi qu'il devait se con-
tenter de ce qui lui tomberait en partage par
le sort, et brisa le vase d'un coup de sa hache
d'armes. *Grégoire* de Tours observe que
Clovis sentit vivement l'insulte qui lui était
faite ; cependant il cacha son ressentiment
dans le fond de son ame, et 'attendit, pour
s'y livrer, que ce soldat lui eût fourni un
prétexte de le punir, en commettant une
faute contre la discipline militaire.

Le pouvoir souverain résidait dans l'assemblée du champ de Mars : la nation (1) y
élisait ses ducs et ses comtes. Le choix national les investissait du pouvoir judiciaire.
Ils conduisaient les peuples à la guerre, et
les jugeaient en tems de paix, assistés par
des vicaires et des assesseurs. De cette ma-

---

(1) Grég. de Tours, liv. 5.

nière nos ancêtres furent constamment jugés par leurs pairs. Chacun avait droit d'appeler des sentences du comte à la nation assemblée.

Clotaire II écrivait (1) : On convoque l'assemblée de la nation, parce que tout ce qui regarde la sûreté commune doit y être examiné, *et je dois me conformer à ce qu'elle aura décidé.* Les chefs de la nation publient la loi salique ; on la termine en ces termes (2) : Cette loi a été faite par le roi, les princes et le peuple qui habitent le royaume des Mérovingiens. Clotaire II rapporte à la nation assemblée la série des crimes attribués à la reine *Brunehault ;* ensuite il dit aux Français : Mes chers (3) compagnons d'armes, ordonnez la peine que doit subir une femme coupable, et tant de crimes.

Childeric, père de Clovis, se permet de séduire les femmes et les filles de ses sujets (4) ; il est déposé et contraint de se

---

(1) Bouquet. Collec. des Hist. de France.
(2) Bouquet. *Idem.*
(3) Aimoin, liv. 4.
(4) Grég. de Tours, liv. 11, chap. 12.

réfugier en Thuringe. Le Romain *Ægidius* fut porté sur le trône, et régna huit ans sur les Français. Les Français ayant rejeté *Chilperic*, lui substituèrent successivement Eudes et Sigeberg (1). *Théodoric*, douzième roi de France, s'érigea en maître de la fortune, de la liberté et de l'existence de ses sujets ; ils s'élèvent contre lui, le renferment dans un cloître. *Chilperic*, son frère, fut élu pour lui succéder (2).

Les Francs, au lieu de s'établir dans la même contrée, s'étaient disséminés dans toute la Celtique, ce qui rendait plus difficile la surveillance par eux exercée sur la conduite de leurs chefs. Les ressorts du gouvernement se relâchèrent, le désir du butin avait enchaîné long-tems chaque individu au corps de la nation. Ce lien se brisa peu à peu. Chaque Franc, devenu propriétaire d'un terrain plus ou moins étendu, s'occupait de son bien particulier, et faisait peu d'attention au bien public. Les chefs de famille

---

(1) Grég. de Tours, liv. 2, chap. 12 ; liv. 4, chap. 16.
(2) Aimoin, liv. 4, chap. 44.

cessèrent de se rendre aux champs de Mars ;
ils ne se tinrent plus régulièrement.

Tacite observe que les Germains assistaient
peu exactement aux assemblées publiques ;
peut-être étaient-ils excusables. Des hommes
qui ont peu de besoins, et auxquels on ne
peut ôter que la vie, seront toujours libres
quand ils le voudront ; mais les Francs étaient
devenus riches, sans se douter que leurs jouissances devenaient un appât capable de tenter
les plus puissans d'entr'eux. S'abandonnant
à leur paresse naturelle, ils ne vinrent plus
aux champs de Mars ; on cessa de les convo-
quer : c'était une révolution dans le gouvernement.

Tous nos historiens, rebutés sans doute
par la sécheresse des chroniqueurs, et sans
songer que dans le chaos de leurs narrations
reposent les vestiges, depuis long-tems
effacés, de nos libertés nationales, ont cru
découvrir dans cette révolution l'origine de
la noblesse française : *Mabli* lui-même n'est
pas en garde contre cette erreur.

Depuis le règne de *Clotaire II*, les assemblées nationales furent composées ordinairement d'évêques et de quelques laïques, dans
lesquelles *Mabli* voit des hommes privilégiés,

dont les intérêts étaient différens de ceux du peuple qu'ils méprisaient. *Mabli* ne faisait pas attention que le mot *senior,* dont se sert *Grégoire de Tours*, signifie ancien, *vieillard,* et non seigneur. *Convocatis episcopis et senioribus laïcorum,* ne veut pas dire on assembla les évêques et les seigneurs laïques, mais on convoqua les prélats et les hommes les plus expérimentés parmi le peuple. *Seigneur* s'exprimait en latin par le mot *Dominus.* On appelait l'Empereur *dominus Imperator,* et non *senior Imperator.* Les envoyés de l'Empereur s'appelaient *missi Dominici,* et non *m ssi Seniores.* Enfin, Grégoire de Tours se sert quelquefois du terme de *natu major,* au lieu de *senior;* ce qui ne laisse plus d'équivoque.

Hénault parle des maires du palais, sans indiquer les changemens que cette dignité introduisit dans la constitution des anciens Francs. *Grégoire* de Tours passe sous silence l'époque précise où cette charge fut connue à la cour des Mérovingiens. *Fredégaire* parle de ces maires, sous le règne du petit-fils de Clovis, comme établis depuis long-tems.

L'office des maires du palais répondait

assez à la préfecture du prétoire sous les empereurs romains. Les maires furent d'abord établis pour un tems, puis à vie, enfin ils se perpétuèrent dans leur emploi: ce fut l'époque de leur grande fortune. *Pepin d'Héristel*, maire du palais, rétablit les champs de Mars, et les convoqua au mois de mai de chaque année.

Les modernes datent de cette époque l'introduction du clergé dans les assemblées nationales; cette opinion, vainement accréditée, est contraire à nos anciens monumens historiques. Les évêques entraient dans le champ de Mars, dès le tems de *Clotaire I*; ils avaient même le pas sur les leudes, et une composition plus avantageuse. *Charle Martel*, maire du palais, tenant étroitement enfermés les princes Mérovingiens, que leur naissance appelait à la couronne, s'était investi de toute l'autorité royale, sous le titre de Duc des Français. Craignant que sa conduite ne fût désapprouvée, il n'assembla plus les champs de Mai; il ne consulta que ses capitaines; ce fut en leur présence que disposant de la France comme d'un héritage ordinaire, en faveur de ses deux enfans, il donna l'Austrasie à Carloman, et la Neustrie à Pepin, surnommé le Bref.

Depuis long-tems la maison Pepinienne franchissait peu à peu l'intervalle qui la séparait du trône. Une révolution se préparait. Les rois Mérovingiens étaient à peine connus. Enfermés dans une maison royale, celui qui portait la couronne, était montré au peuple une fois l'année, et tenait sa cour avec une pompe royale. Il faisait des ordonnances, c'étaient celles du maire. Il répondait aux ambassadeurs des puissances étrangères; ses réponses étaient dictées par le maire. Cette disposition des choses ne pouvait subsister long-tems. Il ne fallait qu'une circonstance favorable pour décorer du titre de roi, celui qui possédait la puissance royale. *Pepin le Bref* fit naître cette circonstance, lorsque *Carloman*, son frère, s'étant jeté dans un monastère, lui eut laissé le gouvernement de toute la France.

L'obscurité qui règne dans cette partie de l'histoire de France, livre au champ immense des conjectures, les causes prochaines de la révolution qui plaça la couronne de France sur la tête de *Pepin le Bref.* D'habiles critiques se sont efforcés, dans ces derniers tems, d'ôter au pape *Zacharie* la part que les écrivains du moyen âge lui donnent dans cet événement. Leur autorité ne saurait balancer celle *d'Eginhard*, *d'Aimoin* (1), des chroniques et des annales les plus authentiques. Ces monumens déposent de concert, que l'autorité pontificale seconda l'ambition de *Pepin*. *Zacharie*, sondé d'abord secrètement et ensuite publiquement consulté, décida qu'il était raisonnable de réunir le titre de roi au pouvoir de la royauté. A peine *Pepin* avait reçu la réponse de *Zacharie*, que tout était prêt pour son couronnement. Le roi *Childeric* et son fils *Thierri* furent relégués parmi les moines. Ainsi disparurent, après un règne de trois cents ans, les derniers rejetons d'une famille dont les ancêtres avait fondé l'Empire français dans la Celtique. *Pepin le Bref* mourut peu d'années après. Charlemagne, son fils, parvint à l'Empire.

L'histoire moderne ne présente aucun règne aussi brillant et aussi instructif que celui de *Charlemagne*. Du milieu de la bar-

---

(1) Egin. ad ann. 750. Aim., liv. 4; Sigisborg, chron. Marian. fuld. chron.

barie où l'Europe était plongée, sortit un
prince philosophe, législateur et conquérant.
Il monta sur le trône dans les circonstances
les plus épineuses. Les intérêts divers , dont
le terrible choc avait brisé le sceptre des enfans de *Clovis*, n'avaient pas eu le tems de
se rapprocher. Les Français vivaient dans
l'anarchie. *Charlemagne* entreprit de les en
tirer , en remettant en vigueur les anciennes
assemblées du champ de Mars , ou du
champ de Mai.

En vain les modernes ont répété de concert
que ces nouvelles assemblées étaient composées d'évêques et de nobles. La noblesse
héréditaire exclusive n'existait pas en France
du tems de *Charlemagne*. On ne distinguait
encore les hommes que sous la dénomination de libres , d'affranchis et d'esclaves.
Muratori rapporte une anecdote (1) qui
peut en servir de preuve. *Pepin,* fils aîné
de *Charlemagne*, faisait la guerre à *Gri-
moalde,* duc de Bénévent, pour le forcer à
se soumettre à l'empereur. Le prince béné-
ventin envoya à *Pepin* ce distique, dans

---

(1) Ann. d'Ital.

lequel il ne se qualifie ni de noble ni de gentilhomme, mais d'homme libre et ingénu.

Liber et ingenuus sum natus utroque parente,
Semper ero liber credo tuente Deo.

La noblesse héréditaire provint de la réunion des fiefs et de la justice dans les mêmes mains; mais du tems de *Charlemagne*, la justice était encore administrée en France par des comtes amovibles, assistés par des assesseurs nommés par les justiciables.

Tant que les anciens champs de Mars avaient subsisté, tout homme libre, vivant sous la loi salique, avoit droit d'y siéger; les Français ayant cessé de remplir ce devoir, le gouvernement dégénéra en olygargie. *Charlemagne*, pour prévenir un pareil événement dans la suite, régla que chaque canton députerait au champ de Mai douze représentans parmi les citoyens les plus notables.

Les assemblées de la nation furent tenues deux fois l'année, au printems et en automne. La première représentait l'ancien champ de Mars; la seconde n'était composée que des vieillards les plus consommés dans les affaires, et de quelques conseillers d'Etat:

Aliud placitum (1) *cum senioribus tantum et precipuis conciliariis habebatur.* On pourrait trouver, dans cette assemblée, l'origine des cours souveraines, connues, dans la suite, sous le nom de parlement. Les affaires s'y traitaient en secret, et les principales résolutions étaient soumises à la sanction de l'assemblée générale, tenue au mois de mai suivant.

L'assemblée du champ de Mai se composait des évêques, des ducs, des comtes et des représentans du peuple. Elle possédait la puissance législative. Nous ignorons la manière précise dont on y procédait à la formation des lois; mais autant qu'on peut le déduire des monumens historiques, souvent elle prévenait le prince, et le priait d'autoriser les règlemens qu'on avait dressés. Quelquefois le prince proposait lui-même la loi, et requérait la nation d'y donner son consentement. Plusieurs lois furent portées après de longs débats, d'autres furent reçues et publiées par acclamation. Mais enfin, la nation exerçait le pouvoir souverain. *Char-*

---

(1) *Hincmar de ordine palatii.* Cap. 2.

lemagne et *Louis* le Débonnaire en conviennent eux-mêmes. Les capitulaires disent positivement que la loi n'est autre chose que la volonté nationale, publiée sous le nom du prince.

Mabli s'exprime en ces termes à ce sujet: Si *Charlemagne* a le privilége de faire des règlemens provisoires dans les cas urgens, ou les distingue formellement des lois. Ils n'en acquièrent la force que quand le champ de Mai les a adoptés ; tous les monumens anciens de notre histoire enseignent la même doctrine.

Voltaire assure, au contraire, que le gouvernement de *Charlemagne* était despotique. Il est vrai que dans les capitulaires se trouve cette formule : Nous voulons, nous ordonnons, nous commandons : expressions qui ont induit en erreur beaucoup d'écrivains. *Charlemagne* voulait, ordonnait, commandait ce que la nation assemblée avait voulu, ordonné et commandé ; il publiait les lois, il en était l'organe et le vengeur.

Les anciens historiens nous apprennent que par respect pour la liberté publique, *Charlemagne* n'assistait pas aux délibérations du champ de Mai, à moins qu'il n'y fût appelé pour servir de médiateur, lorsque les contestations étaient trop animées, ou pour donner son consentement aux arrêtés de l'assemblée.

L'Empire français était partagé en comtés, pour l'administration de la justice, division qui subsiste en Angleterre, où se sont établies plusieurs des anciennes coutumes abandonnées en France. Plusieurs de ces comtés réunis formèrent un département. De l'ensemble de ces départemens, résulta une nouvelle division de la France, dont les traces se sont perdues dans le chaos du gouvernement féodal.

Dans chacun de ces départemens étaient envoyés par le roi des officiers supérieurs, sous le nom de *missi Dominici*, pour écouter les réclamations des peuples, et régler les affaires générales dans les états provinciaux : s'il survenait des abus, les *missi Dominici* en rendaient compte au prince et à l'assemblée du champ de Mars. De cette manière, la nation entière avait les yeux continuellement ouverts sur chaque homme public. Les magistrats se voyant observés, apprirent à se respecter eux-mêmes et à respecter les peuples. Les mœurs, sans lesquelles la liberté dégénère bientôt en licence, se reformèrent ; l'amour du bien public rendit la liberté plus précieuse.

Les institutions de *Charlemagne* se soutinrent avec quelques variations sous le règne de Louis le Débonnaire ; mais lorsqu'après la mort de ce prince, l'Empire français se trouva partagé en plusieurs royaumes indépendans, l'unité d'administration disparut, et avec elle tous les avantages qui en étaient la suite. Les gouverneurs des provinces se rendirent peu à peu indépendans. *Charles* le Simple, chancelant sur son trône, couvrit ce nouvel ordre de choses du sceau de l'autorité royale. Les fiefs, la justice et les grandes dignités, devenant héréditaires dans les mêmes familles, furent l'origine de l'administration connue sous le nom de régime féodal. Il se fit dans la constitution française un bouleversement total, à peine indiqué par les contemporains. En vain le Franc réclama la loi salique, le Celte la loi romaine, le Bourguignon la loi gombète ; il n'en fallut plus reconnaître d'autre que celle du seigneur féodal. Les Français oublièrent jusqu'à leur origine, accablés sous le joug de la même servitude. Les hommes libres furent confondus avec les esclaves. Les caprices de leurs nouveaux maîtres, devinrent leur droit public.

———

~~~~~~

CHAPITRE XX.

Gouvernement de France durant le régime féodal.

C'EST un beau spectacle, dit *Montesquieu,* que celui des lois féodales ! Un chêne antique s'élève, l'œil en voit de loin le feuillage ; il s'approche, il en voit la tige, mais il n'en aperçoit pas les racines ; il faut percer la terre pour les trouver. Il est difficile d'abuser plus complétement de l'art d'écrire. Que veut dire *Montesquieu* par : « Des lois qui ont laissé des droits quand on a cédé le domaine, qui ont produit la règle avec une inclinaison à l'anarchie, et l'anarchie avec une tendance à l'ordre et à l'harmonie (1)? »

C'était au contraire un magnifique spectacle que celui de la nation française, depuis le règne de *Clovis* jusqu'à celui *Charles* le

---

(1) Esprit des lois, liv. 30, chap. 1.

Simple! Un Français n'était vassal que de sa patrie; car vassal, loin d'être honorifique, signifie *bas-salarié*. Un Français ne connaissait aucune puissance entre la loi et lui. Les dignités entre des hommes libres et égaux n'établissaient que la subordination nécessaire dans toute société. Les Français avaient des chefs et des juges, mais non des maîtres: ils volaient aux combats à la voix de leur roi. Leurs mœurs décrites par *Tacite*, ne s'étaient pas altérées, et, malgré l'invasion des siècles, nous retrouvons encore aujourd'hui, dans les livres de ce Romain, plusieurs de nos anciens usages.

Vainement des plumes vénales, pour flatter l'autorité distributrice des récompenses, ont accumulé sur cet âge d'égalité et d'indépendance, les opprobres du régime féodal, qui fut au contraire l'époque de la dégradation de la monarchie française; ces écrivains mercenaires sont démentis par nos anciens historiens, chez lesquels il faut puiser la connaissance de nos anciens droits, de nos anciennes habitudes. Ces historiens représentent les Français, violens, impétueux, toujours prêts à revendiquer leurs droits à main armée. Ils ne savaient endurer un

14*

outrage; mais, sensibles à la prière, leur
ame fléchissait à l'aspect de la soumission :
les haines les plus invétérées s'éteignaient par
des satisfactions, gage du repentir. Le chef
de la nation ne s'environnait de la pompe
royale qu'au milieu de la nation assemblée
au champ de Mars. Le chêne antique, symbole de la nation française, s'élevait avec
majesté : il était la gloire des forêts. Mais
son organisation intérieure se détériore enfin,
ses grosses branches non émondées lui en-
lèvent sa sève, ses moindres rameaux péris-
sent les premiers, étouffés par des branches
parasites; le tronc et les racines sèchent en
même tems. Tel fut l'effet du gouvernement
féodal. L'arbre allait disparaître pour jamais,
si des mains habiles n'avaient entrepris de
le rappeler à la vie.

Charlemagne, le plus grand des hommes,
depuis les Romains, respecta constamment
et fit respecter la liberté publique. Mais
le système d'oppression que les grands
n'avaient pu accréditer sous ce monarque,
se réalisa aisément sous ses faibles successeurs.
Tous les fléaux qui peuvent concourir à l'asservissement d'une nation s'amoncelaient sur
la tête des Français. Le flambeau des arts,

allumé par *Charlemagne*, s'éteignit sur la tombe de ce prince. Les fréquentes variations dans les partages, entre les descendans de ce conquérant, et la faculté, laissée à tous les hommes libres, de s'attacher à celui des rois francs qui lui faisait de plus grands avantages, rendait les citoyens étrangers les uns aux autres. Les fausses décrétales qui, vers le même tems, usurpaient l'autorité des lois, augmentaient la confusion. Un pouvoir étranger contrariait le pouvoir national.

Une opinion religieuse répandue, que le dixième siècle verrait la destruction de la terre, était encore le principe d'une publique et universelle incurie. Quel intérêt devait-on prendre à sa patrie, lorsqu'on était persuadé que l'univers entier allait se dissoudre. Tous les vœux se portaient vers le ciel, mais on perdait la terre.

Pour comble de calamités, des hordes sans cesse renaissantes de Danois, qu'on appelait Normand, se succédaient pour dévaster le sud et l'ouest de l'Europe. Ces sauvages, trop resserrés dans le rigoureux climat qui les avait vu naître, n'ayant à cultiver que des terres ingrates, cherchaient des pays plus favorisés de la nature. Le brigandage et la pi-

raterie leur était nécessaire , comme le carnage aux bêtes féroces. Ils cotoyaient les
terres, descendaient quand la résistance était
médiocre. Meubles , bestiaux , habitans ,
tout était emporté sur leurs vaisseaux. Vaincus
quelquefois, ils reparaissaient avec de nouvelles forces. Ecartés d'une province, ils
n'en sortaient que pour ravager une autre
contrée.

Au milieu de tous ces fléaux naquit celui
de la féodalité. Ici commence la destruction
de tout ordre public , la violation de tous
les droits, la cessation de toute justice ; ici
commence un tems déplorable où les Français devinrent la proie d'une troupe de brigands , où la France se couvrit d'impéné-
trables asiles, dont ces brigands firent leur
repaire. Les Français devenus la propriété
d'un maître , furent soumis à être vendus à
son gré, comme un troupeau de bétail. Ils
durent envier la stupidité des bêtes , qui du
moins les affranchit du sentiment de la servitude.

Jusqu'alors les titres de ducs et de comtes
avaient désigné des officiers, nommés par
par la nation, pour commander les armées
et rendre la justice : ils désignèrent dans la

suite les souverains des villes et des provinces.
Les comtes rendirent, en leur nom, la justice rendue auparavant, au nom du roi. Il
s'établit, au sein de l'Etat, une nation particulière : elle dévora le peuple et le monarque.

Les chroniqueurs, qui savaient à peu près,
de l'histoire de leur pays, ce que les villageois en savent aujourd'hui, ne nous laissent
pas même entrevoir par quels motifs les
rois favorisèrent ou souffrirent une si fatale
innovation. Ils crurent peut-être que les provinces seraient mieux gouvernées par des
princes, dont les enfans recueilleraient le
prix des bienfaits répandus par leurs pères,
que les souverains, disséminés partout, ré-
pareraient, avec plus de facilité, les maux
horribles causés par les Normands ; peut-être
aussi les rois voulurent-ils arrêter le peuple
et le priver de son influence dans le gouvernement.

Ces champs de Mai, au milieu desquels
Charlemagne se plaisait, furent un objet
d'effroi pour ses successeurs. C'est que *Charlemagne*, prince ferme et amoureux du bien
public, savait qu'il ne trouverait aux champs
de Mai que des coopérateurs, et que ses suc-

cesseurs n'ayant, ni les mêmes vues, ni le même caractère, craignirent d'y trouver des censeurs sévères.

Ils s'étaient étrangement trompés, ces monarques, en favorisant les usurpations des grands, pour ruiner le pouvoir du peuple. L'ingratitude est le digne prix du crime : ils se trouvèrent asservis eux-mêmes par ceux auxquels ils avaient laissé prendre l'autorité fondée sur la plus oppressive injustice. A peine la féodalité fut établie en France que les Carlovingiens chancelèrent sur le trône.

Les nouveaux souverains devaient craindre que du sang de *Charlemagne*, il sortit un vengeur des Français, qui brisât les indignes nœuds, dans lesquels ils étaient enlacés, et les rappelât à la liberté et au bonheur, par l'expulsion de leurs tyrans. La prospérité particulière de ces tyrans, fondée sur le malheur général, ne pouvait se consolider que par la ruine de la famille royale. Ils se préparèrent un appui contre le cri du peuple et de la justice, en plaçant sur le trône un prince qui avait partagé leurs usurpations.

Hugues Capet, duc de France et comte de Paris, monta sur le trône. Quelques historiens nous disent qu'il fut élu par la nation.

Depuis cent ans elle n'avait pas été assemblée; elle ne pouvait pas l'être alors. Sans existence politique, enchaînée par les plus honteux liens, le souvenir même de ses anciennes franchises était perdu pour elle. D'autres ont pensé qu'*Hugues Capet* fut appelé à la couronne à l'exclusion de *Charles* le Carlovingien, duc de la basse Lorraine, par le baronage de France; mais, par les bizarres lois des fiefs, chaque baron était lié, par sa foi, au suzerain duquel sa baronie relevait; c'est ce qu'on appelait arrière-fiefs. Tout était arrière-fief en France, à l'exception de sept à huit fiefs principaux. Les possesseurs de ces fiefs principaux, seuls grands vassaux immédiats de la couronne, dirigeaient les affaires générales, à l'exclusion des autres vassaux, comme de nos jours le choix des empereurs teutoniques regardait les seuls électeurs, à l'exclusion de la noblesse allemande.

Les Capétiens ne furent placés sur le trône des enfans de *Charlemagne*, ni par la nation française, ni par le baronage français. Cette révolution fut le fruit de la force aidée de la prudence. « Tandis que *Louis V* (1) finis-

_____

(1) Voltaire, essais sur les mœurs, tom. I.

sait, à l'âge de vingt-trois ans, sa vie obscure par une maladie de langueur, *Hugues
Capet* assemblait ses forces, et loin de recourir à l'autorité nationale, il sut dissiper
un parlement qui se tenait à Compiègne,
pour assurer la succession à *Charles*, oncle
de *Louis V*. La lettre de *Gerbert*, depuis
archevêque de Reims, et pape sous le nom
de *Silvestre II*, déterrée par Duchesne, en
est un témoignage authentique. »

Peut-être qu'assis sur le trône, le nouveau
roi forma le dessein, exécuté par ses descendans, d'atténuer le régime féodal qui pouvait un jour exclure sa postérité de la couronne, comme il en avait précipité celle de
Charlemagne. Mais ces grands projets,
cachés sous le voile de l'avenir, devaient
mûrir en silence. *Hugues*, occupé à se maintenir, ménagea les grands vassaux. Ses premiers successeurs suivirent les mêmes maximes; ce ne fut que dans les siècles suivans,
que s'accrut la puissance réelle des rois
français, par la réunion des grands fiefs à
la couronne.

L'autorité législative et le pouvoir judiciaire étaient dans les mains des seigneurs
féodaux. La juridiction immédiate du roi

s'étendait sur les seules provinces réunies à la couronne par *Hugues Capet*, en montant sur le trône. Encore, dans ces provinces, l'autorité royale était-elle perpétuellement heurtée par celle des barons, se regardant dans leurs terres comme autant de souverains.

De là s'établit une distinction politique entre le roi, comme chef de l'Empire et comme seigneur particulier. Sous l'une et l'autre dénomination, le monarque tenait des parlemens pour régler les affaires publiques ; dans les premiers, n'avaient entrée de droit que les seuls grands vassaux de la couronne ; les seconds se composaient de tous les barons qui relevaient du roi. La distinction peu nuancée entre ces deux sortes d'assemblées, dont les opérations étaient cependant dissemblables, jette beaucoup de confusion sur cette période de notre histoire. Il est difficile d'y suppléer directement. Le moine *Aimoin*, qui seul est notre guide, disert sur les faits qu'il nous importe peu de savoir, effleure à peine ceux dont les détails seraient précieux. D'ailleurs, les magistrats qui, sous le nom de parlement, rendaient la justice en France avant la révolution, n'ont pas peu contribué à embrouiller les faits dans les nombreux écrits publiés de leur part sur cette matière, pour accréditer l'opinion semée par eux, qu'ils succédaient aux anciennes assemblées du peuple français; tandis que, dans la vérité, les tribunaux appelés parlemens, ne représentaient que les conseillers appelés auprès du roi pour rendre la justice à leurs vassaux.

Il paraît qu'insensiblement on s'accoutuma à confondre les vassaux du roi avec ceux de la couronne. Les évêques, en qualité de barons, siégeaient dans les parlemens. Cependant les six pairs ecclésiastiques ne furent institués que par Louis VII, lorsque ce monarque voulut faire sacrer son fils Philippe-Auguste, et rendre cette cérémonie mémorable par la convocation de douze pairs de France, nombre rendu fameux par les rêveries des romanciers.

Le royaume des Francs languissait dans l'anarchie, sans aucune tendance à l'ordre et à l'harmonie, quoiqu'en dise *Montesquieu.* Non-seulement chaque province, chaque canton, chaque bourgade avaient des seigneurs dont les intérêts se croisaient, mais il s'était établi divers genres de seigneuries, sur les mêmes choses et sur les mêmes personnes, ce qui,

au lieu de diminuer le poids de la seigneurie
entière, comme l'avance l'auteur de l'Esprit
des lois, doublait, triplait, quadruplait le
poids de l'esclavage.

Il n'existait plus en France que des seigneurs de fiefs et des serfs. Les seigneurs de
fiefs étaient jugés selon les règles de la hié-
rarchie féodale. La justice distributive, rela-
tive aux serfs, fut abandonnée aux caprices
des maîtres-d'hôtel, prévôts, baillis nommés
par les barons. Les droits les plus barbares,
les plus ridicules, les plus humilians, s'établissaient partout. Ici, les colons ne pouvaient disposer de leurs biens, le seigneur était
leur héritier à défaut d'enfans légitimes do-
miciliés dans leur seigneurie : là, leur liberté
ne s'étendait qu'à pouvoir donner ou vendre
une partie de leurs immeubles ; ailleurs
ils ne pouvaient se marier qu'après en avoir
obtenu la permission du seigneur. Quelques
seigneurs comptaient parmi leurs prérogatives, celle de voler sur les grands chemins,
et de faire de la fausse monnaie ; d'autres
avaient imaginé le droit de coucher avec les
filles de leurs serfs, la première nuit de leurs
noces.

CHAPITRE XXI.

Suite du régime féodal, différentes opinions sur l'origine de la pairie française.

Les parlemens composés des grands vassaux de la couronne de France portèrent, dans la suite, le nom de Cour des Pairs. Nos historiens n'ont pas, jusqu'à présent, fixé l'époque de cette institution, ni décidé si elle existait sous les Carlovingiens, ni même indiqué la différence qui excitait entre le baronnage du royaume et cette cour des pairs, à laquelle le parlement de Paris a prétendu succéder. Mabli (1) donne, pour raison de cette ignorance, que, dans une nation sans lois, et où l'inconstance des esprits et l'incertitude des coutumes produisaient sans cesse des révolutions nouvelles, l'établissement des pairs doit ressembler aux autres établissemens de ce tems-là qui se formaient par hasard, et se trouvaient établis à une cer-

(1) Observ. sur l'Hist. de France, tom. I.

taine circonstance, sans qu'il fut possible de fixer l'époque précise de leur naissance : cette solution n'est pas satisfaisante.

Il existe plusieurs opinions diverses sur l'origine de la pairie de France. Celle qui la fait remonter à *Charlemagne* est romanesque, et celle qui la fixe au règne de *Louis* le jeune, ne lui laisserait qu'une existence momentanée, puisque ce fut l'époque de la réunion des principales pairies à la couronne. D'autres, après *Favin*, pensent que la pairie fut instituée par *Robert*, en 1020. *Favin* n'appuie pas son opinion sur des monumens historiques, à la vérité très-rares alors. D'ailleurs, il n'a pas fait attention qu'on ne pouvait admettre à cette époque les six pairs ecclésiastiques, puisqu'on sait que l'évêque de Langres relevait encore du duché de Bourgogne, sous le règne de *Louis VII*. Ce prince engagea le duc de Bourgogne a distraire le duché de Langres de son domaine, afin que cet évêque pût relever nuement de la couronne, dans le dessein qu'avait ce monarque de faire sacrer son fils, Philippe Auguste, et de rendre la cérémonie plus mémorable par la convocation des douze pairs.

Il est impossible d'établir combien il y avait de grands fiefs relevant nuement de la couronne de France à la fin de la seconde dynastie. On assure que la haute Lorraine avait été donnée à l'Empereur Othon II, en fief relevant de la couronne de France, et que la basse Lorraine, possédée par *Charles* le Carlovingien, en était un arrière-fief. La couronne avait donc au moins huit grands vassaux, et probablement le nombre en était plus considérable. On ne voit pas de quelle pairie relevaient la Picardie, l'Auvergne et plusieurs autres grandes provinces qui faisaient cependant partie de l'Empire français : on ne peut donc admettre le nombre primitif de six pairs laïques.

On ne peut pas dire non plus avec *Hénault* que les pairies et les fiefs ont une origine commune. L'idée de pairie emporte celle de juridiction. Les premiers fiefs n'étaient que de simples bénéfices militaires, comme les timariots de la Turquie, avec cette différence que les fiefs furent d'abord amovibles. Les fiefs avec juridiction nous viennent d'Italie, c'est une production des Lombards. *Italiam, italiam*, ainsi termine *Montesquieu* son traité des fiefs, dans l'esprit des lois. Mais pour la pairie, elle nous vient plutôt d'Angleterre.

Alfred, avait établi dans cette île les jugemens par jurés pendant le neuvième siècle, c'étaient des pairs dans chaque profession. Les Français étaient aussi jugés par leurs pairs, dès la première dynastie ; cet usage disparut durant le régime féodal. Quand Hugues Capet monta sur le trône, il n'existait de liberté en France que pour les seigneurs de fiefs ; les peuples étaient jugés par les seigneurs ou leurs agens. La pairie ne subsista que pour ces maîtres dédaigneux ; ces maîtres différens en dignités connurent divers genres de pairies.

Ce mot pair, vient du mot latin *par*, égal, compagnon, confrère, on s'en était servi en ce sens sous les Mérovingiens et les Carliens, pour désigner ceux qui étaient égaux entre eux en dignités. Les enfans de Louis le Débonnaire s'appellèrent pairs, *pares*, dans une entrevue de 851, et long-tems auparavant *Dagobert* avait donné le nom de pairs à des moines.

Godegrand, évêque de Metz sous Charlemagne, appelle pairs des évêques et des abbés, comme le remarque *Ducange*. Les

vassaux d'un même seigneur s'accoutumèrent
donc à s'appeler pairs. Lorsque les villes
eurent acquis les droits communaux, elles
qualifièrent en plusieurs endroits leurs juges,
du nom de pairs bourgeois. Les principaux
vassaux des ducs d'Aquitaine ou des comtes de
Champagne, s'appellèrent pairs d'Aquitaine
ou de Champagne ; ceux qui ne relevaient
que de la couronne, furent les pairs de
France. Leur nombre put varier jusqu'à
Louis VII, qui fixa ce nombre à douze,
six laïques et six ecclésiastiques.

Il ne paraît pas que les grands vassaux
eussent dans leurs cours, des pairs ecclésiastiques. Ces cours jugeaient les co-vassaux.
Le seigneur qui n'avait pas assez de pairs
pour tenir sa cour, en empruntait de ses
voisins.

Beaumanoir observe que les seigneurs
ne pouvaient assister au jugement des procès dans lesquels ils étaient partie. Les pairs
de France voulurent en vain faire valoir cette
coutume contre le roi qui assistait à ces
jugemens. Il répondit qu'en défendant ses
droits, il défendait ceux de l'Etat. Les
grands vassaux auraient pu lui répondre à
leur tour, que par la même raison leurs

droits étaient confondus avec ceux de leur province ; mais par la force ils avaient établi leur puissance, et par la force on les en dépouillait. Le tems amena la coutume qui ordonnait la confiscation du fief dans le cas de félonie, et qui autorisa le vassal vexé, de porter son hommage au roi, dont il n'avait été jusqu'alors que l'arrière-vassal. Cet usage fut l'origine de l'autorité que les rois Capétiens reprirent peu à peu sur les grands vassaux.

Les pairs assemblés dans la cour du roi, ou dans celle des seigneurs, ne jugeaient que les affaires dans lesquelles eux ou leurs égaux étaient intéressés. Le peuple était jugé par un magistrat nommé par le possesseur du fief, et comme chaque baron devint législateur dans sa baronie, les coutumes qui prirent en France la place des lois romaines, ou des lois franques, se modifièrent presque en autant de manières qu'il y avait de seigneuries.

À l'égard de la différence entre baronage de France et la cour des pairs, c'est bien vainement que nos historiens, plus occupés de ranger à leur gré des armées en bataille, qu'à suivre laborieusement les va-

riations amenées par le tems dans les constitutions des Empires, prétendent qu'on
n'en peut trouver la solution, ensevelie pour
jamais sous les décombres, dont cette partie
des fastes nationaux est couverte. Plusieurs
monumens historiques jettent sur cet objet
tout le jour qu'on peut désirer, et suppléent
au silence des historiens. Je ne citerai que
le procès fait par la cour des pairs de
France à *Jean* Sans-Terre.

Le baronage de France était alors assemblé à Villeneuve-le-Roi, pour établir une
police générale dans les fiefs. Cette assemblée
n'était pas celle des grands vassaux appelés
alors pairs de France. On y trouve la si-
gnature de *Hervé*, comte de Nevers, de
Gui, de *Dampierre*, de *Gaucher*, comte
de *St.-Pol*, et à cette époque, les seuls pairs
laïques de France étaient les ducs de Bourgogne, de Normandie et de Guienne, les
comtes de Flandre, de Champagne et de Toulouse. L'assemblée de Villeneuve était la
réunion des principaux barons français relevant du roi à quel titre que ce fût. Au milieu
d'eux se trouvaient d'autres évêques que les
six pairs de Reims, de Langres, de Laon,
de Beauvais, de Noyon et de Soissons, et plu-

sieurs abbés, à cause des fiefs attachés à leur monastère. Cette réunion s'appelait le baronage (*barnagium*), et non la cour des pairs.

Henri III, roi d'Angleterre, requis par *Louis IX* de l'accompagner à la Terre-Sainte, répond, selon Mathieu Paris (1), qu'il est prêt de se mettre en marche, si on veut lui restituer les provinces confisquées sur le roi *Jean* Sans-Terre, son père. Les barons français rejetèrent cette demande, à moins que le jugement des pairs ne fût cassé par le baronage. *Absit enim ut duodecim parium judicium pro frivolo habeatur : factum est murmur horribile inter magnates Francorum quod sine consensu universalis barnagii talia præsumeret rex Franciæ præmeditari* (2).

Parmi les pairs de France, les prêtres n'assistaient pas aux jugemens criminels, dont le résultat pouvait être une peine de mort ou de mutilation prononcée contre l'accusé. Le duc de Bourgogne, le comte de Champagne et le comte de Flandre faisaient la

_____

(1) Hist. Univ.
(2) Mathieu Paris, pag. 558, 604 et 665.

guerre en Palestine, lorsque *Jean* Sans-Terre
fut jugé; Jean était lui-même pair de
Normandie et d'Aquitaine : ce ne furent
donc pas les six seigneurs et les six prélats,
connus dans la suite sous le nom des douze
pairs de France, qui jugèrent ce prince.
Cependant il est constant, par le texte précis
qu'on vient de lire, qu'il fut jugé par douze
pairs, *duodecim parium judicium*.

Pour expliquer ce fait, il faut considérer
ce qui se passe en Angleterre, dans le jugement des procès criminels; douze pairs ou
jurés rendent une sentence sans former un
tribunal permanent. On nomme dans chaque
procès des jurés de la profession de l'accusé :
le même droit existait parmi nous. Tout se
confondit sous le régime féodal; mais les
vestiges d'un droit cher aux peuples pou-
vaient-ils être entièrement perdus ? On ne
peut ni l'assurer ni prouver le contraire :
alors ce sont les faits qui doivent parler eux-
mêmes. *Jean* Sans-Terre fut jugé par douze
pairs; ces douze pairs n'étaient pas les douze
seigneurs appelés pairs de France, et auxquels
étaient attribuées des fonctions particulières
au sacre des rois : on doit donc conclure que
l'usage d'Angleterre était observé en France,

au moins pour les procès criminels concernant les grands seigneurs. La cour des pairs était un tribunal passager, différent également du baronage de France, auquel correspondit le parlement britannique, et de la cour de justice représentée en France par les parlemens modernes, et en Angleterre par la cour des *communs plaids.* Ajoutez que le jugement des pairs pouvait être cassé par le baronage ; le baronage et la cour des pairs étaient donc deux choses différentes.

CHAPITRE XXII.

Gouvernement de France depuis la chute du régime féodal. Affranchissement des communes.

Depuis que les descendans d'*Hugues* Capet occupaient le trône, ils suivaient de loin le projet de rendre quelque liberté à la nation, pour donner de la splendeur à leur couronne. Leur première mesure fut de s'assurer de l'hérédité, en faisant de leur vivant élire et sacrer celui de leurs enfans qu'ils destinaient à leur succéder : ce fut constamment l'aîné. Par cette méthode, la succession à la couronne par ordre de primogéniture devint, par un long usage, une espèce de droit public en France, long-tems avant que les états-généraux en eussent fait en 1328 une loi fondamentale. Cette politique offrit aux rois des moyens d'adopter des vues préparées dans un règne, et exécutées dans un autre. Contens de présager la grandeur future de leur postérité, et oubliant leur faiblesse présente, ils semblaient vivre dans l'avenir.

L'anarchie semblait devoir être éternelle, parce que ses ressorts étaient tellement balancés, que, disposés pour se fatiguer mutuellement, il manquait une force prépondérante pour les détruire. Les prélats et les barons, enrichis des pertes de la royauté, paraissaient hors d'atteinte; la royauté ne pouvait trouver d'appui que dans le peuple, porté à secouer le joug des tyrens féodaux. La nécessité rapprocha les deux extrèmes, leur intérêt réciproque les réunit.

Le système de *Louis* le Gros, qui le premier affranchit les communes en France, est une des idées les plus heureuses dont puisse s'honorer la législation des peuples. On serait étonné qu'elle eût pris naissance dans les ténèbres de la barbarie, si le bon sens, qui fait les bonnes lois, n'était pas de tous les siècles.

Les barons français étaient plus avides du pouvoir, qu'habiles à se défendre des mesures éloignées qu'on pouvait employer pour les en dépouiller un jour. La haine que leur portait un peuple originairement libre, favorisait les entreprises royales; mais elles ne pouvaient réussir qu'à l'aide de circonstances heureuses. Ces circonstances furent

amenées par les croisades. Les liaisons for-
mées entre l'orient et l'occident, pendant
ces romanesques expéditions, avaient procuré
aux européens la connaissance des langues
grecque et arabe. Les sciences, alors culti-
vées par les Arabes et par les Grecs, s'intro-
duisirent en occident. On s'étonna d'être
esclaves de quelques barons et de quelques
prêtres. Les germes de la liberté se déve-
loppaient à mesure que les ténèbres de
l'ignorance, qui couvraient l'Europe, devenaient moins épaisses. La réunion de plusieurs grands fiefs à la couronne avait accru
la puissance des rois de France. Le célèbre
abbé *Suger* fit sentir à *Louis* le Gros qu'il
retirerait plus de service d'un peuple libre
que d'un troupeau d'esclaves. Cette opinion
devint le système du gouvernement. Les
principales villes du domaine royal furent
affranchies : elles achetèrent comme un pri-
vilège, des droits que la nature donne à tous
les hommes. Mais jamais argent ne fut mieux
employé, parce que l'acte même de l'affranchissement assurait à ces villes un titre sacré
contre toutes les tentatives subséquentes,
pour contester leur liberté.

Les villes, devenues de petites républiques, fournissaient aux rois de France des gens de guerre, allant au combat sous la bannière de la paroisse. Plusieurs barons, persuadés qu'il ne leur fallait qu'un peu d'argent et leur grand cheval de bataille, pour conquérir des royaumes en Asie, rendirent aussi la liberté à leurs esclaves. Quelques villes secouèrent le joug seigneurial, sans attendre les chartes des barons. Les bourgeois acquirent partout le droit d'être gouvernés par leurs magistrats municipaux, et de porter les armes pour leur défense ou pour celle de l'Etat.

Les rois étaient moins dépendans des grands vassaux depuis qu'ils trouvaient, chez leurs nouveaux sujets, des ressources pécuniaires, et une milice toujours prête à marcher à leurs ordres. Ils purent faire valoir le droit royal de rendre eux-mêmes la justice aux peuples; d'abord, quelques lois générales furent publiées de leur part. Insensiblement s'établirent des commissaires royaux, chargés d'inspecter les justices seigneuriales. Des grands bailliages furent formés dans la suite. Ces tribunaux eurent la connaissance exclusive de certaines affaires, sous le nom de cas royaux. Enfin, l'usage autorisa l'appel de toutes les sentences des juges seigneuriaux aux cours souveraines instituées par le roi. Les établissemens de *St.-Louis*, et les vertus personnelles de ce prince, favorisèrent ce changement.

Louis IX, en mourant, recommandait à son successeur de maintenir, de tout son pouvoir, les franchises des villes. En effet, la jouissance de la liberté et l'introduction d'un ordre plus régulier dans l'administration de la justice, avaient produit des changemens si prompts et si avantageux, que les villes de France devinrent bientôt florissantes par les spéculations du commerce, livré entièrement aux Anglais auparavant.

C'était un principe, sous le régime de la féodalité, qu'un homme libre ne pouvait être soumis qu'aux lois consenties par lui-même. On ne reconnaissait pour hommes libres que les gens d'église et les laïques possesseurs de fiefs. Les villes habitées par des serfs n'avaient aucun titre légal, pour participer au privilége de la législation; mais dès qu'elles furent affranchies, elles réclamèrent tous les droits des hommes libres. Un des plus essentiels était de donner son suffrage pour la promulgation des nouvelles lois, et pour l'établissement des subsides. Les richesses et la considération qu'elles acquirent durant les croisades, donnaient un grand poids à leurs prétentions.

~~~~~~

CHAPITRE XXIII.

Les communes de France sont admises dans les Etats-généraux ; distinction entre les nobles et les roturiers ; création du parlement de Paris.

LE règne de *Philippe IV*, surnommé le Bel, est une époque remarquable dans l'histoire de France. L'admission des communes dans l'assemblée du baronage, l'érection, ou du moins l'organisation des tribunaux suprêmes, nommés parlemens, l'abolition des droits régaliens, que les barons conservaient encore dans leurs terres, un nouveau système d'administration générale, dans un tems où les Français avaient peu d'idées des principes sociaux dont se compose le droit public des nations, ce système qui vengeait la majesté nationale des outrages versés sur la nation depuis plusieurs siècles, par les prêtres et les barons, développé avec courage au milieu de tous les genres d'obstacles, par un prince qui n'avait pas acquis toute la maturité de l'âge, les fautes sans nombre où son inexpérience le faisait tomber, en poursuivant sans relâche l'exécution de ses grands projets, tels sont les événemens principaux de ce règne à jamais célèbre. *Voltaire* les a passés sous silence, pour ne parler que des querelles de ce prince avec *Boniface VIII*, et des atrocités dont fut accompagnée l'extinction de l'ordre des Templiers.

J'ai déjà observé qu'en France les assemblées des évêques et des barons portaient, comme en Angleterre le nom de parlemens, *parliamentum*, lieu où l'on parle. Nicole *Gilles* assure qu'il se trouva quelques députés des villes dans un parlement assemblé par Saint-Louis en 1241. De quelles villes venaient ces députés, quel rôle jouèrent-ils dans ce parlement; c'est ce qu'on ignore.

Philippe-le-Bel donna le nom de parlement à la Cour souveraine de Paris qui devait tenir deux sessions par an. L'assemblée du baronage fut connue dans la suite sous le nom d'états-généraux. Les communes y furent admises en 1301 ou 1302, suivant la chronologie qu'on adopte en 1302, si on fait commencer l'année à Pâques, comme c'était l'usage alors ; et en 1301 (1), en supposant l'année commençant au premier janvier, comme nous avons compté depuis l'édit de Roussillon donné par Charles IX en 1564. Cet événement ne doit point être regardé comme une simple variation dans les usages ; ce fut une véritable révolution dans le gouvernement.

On, demande comment tous les Français étant devenus libres, il s'établit entre eux deux ordres si différens dans leurs droits politiques, que le premier sembla par ses prérogatives rester dans le rang des souverains, tandis que le second fut frappé de plusieurs caractères humilians de la servitude. Comment les Anglais et les Français étant partis du même point, la liberté publique poussa dans la Grande-Bretagne les racines les plus profondes, tandis qu'elle ne put se naturaliser en France.

Le tems , en jetant un voile épais sur les usurpations des hommes puissans , oppose

____

(1) Hénault place ces États en 1303, il se trompe ; les États furent assemblés en 1301 ou en 1302, manus. cité dans la bibliothèque du P. Lelong, n°. 111,237.

des obstacles presque invincibles aux recherches qu'on voudrait faire sur un sujet si intéressant. Cependant le fil de l'analise nous conduit dans ce labyrinthe, et procure une explication satisfaisante de cette énigme politique dont les suites enfantèrent un ordre de choses aussi contraire aux lois éternelles de la nature, aux principes de la morale universelle qu'à l'ancienne constitution française, dans laquelle on ne connaissait d'autre distinction que celle des grades civils ou militaires.

On ne connaissait point chez les Francs (1) la distinction de nobles et de roturiers. Le terme *nobilis* n'est employé qu'une fois dans les capitulaires, au livre 5, pour signifier les comtes, les centeniers. Qu'on se souvienne cependant qu'avant le régime féodal, il existait parmi les Francs trois sortes de personnes : les hommes libres constituant le corps politique de la nation, les esclaves qui n'étaient rien, et les affranchis tenant le milieu entre les uns et les autres. Combien fallait-il qu'il s'écoulât de générations avant que les affran-

_____

(1) Voltaire, essais sur les mœurs, tom. 1.

chis, fussent investis des droits des hommes
libres, des ingénus? Les chroniqueurs nous
ont laissé ignorer ce fait important.

Cette période ne devait pas être aussi
longue alors, qu'elle le serait aujourd'hui toutes
choses d'ailleurs égales. Il n'existait point de
registres publics de naissances et de morts,
dans lesquels l'état politique de chaque individu acquiert une espèce d'immortalité. Les
hommes étaient les enfans de leurs œuvres.
Les talens, la fortune, les exploits militaires
conduisaient à tout. On ne peut douter du
moins qu'un peu plus tôt ou un peu plus
tard, la postérité des affranchis ne rentrât
dans les franchises perdues par leurs aïeux en
tombant en servage.

Ceci conduit naturellement à expliquer
comment, après l'affranchissement des serfs,
les citoyens furent distingués en France en
citoyens *nobles*, et en citoyens *libres*, que
les nobles nommèrent par mépris, *vilains*,
manans, *roturiers*.

Avant la féodalité les mots: noble, ingénu, libre, étaient synonymes en France. Il
n'exista dans cet Empire pendant la féodalité,
que des libres et des esclaves; mais à l'époque
de l'affranchissement des communes, les

possesseurs de fiefs se regardèrent non sans raison, comme uniques successeurs des francs nobles, libres, ingénus. Ils mettaient au rang des affranchis, les habitans des villes, tandis qu'il restait encore beaucoup de serfs dans les campagnes. On paraissait revenir aux anciennes distinctions qui éclairèrent le berceau de la monarchie.

Mais, à la différence des premiers siècles, où la postérité des affranchis rentrait insensiblement dans les droits des ingénus, les possesseurs de Donjon trouvèrent le moyen de rendre héréditaire la distinction qui existait lors de l'affranchissement, entre eux et les nouveaux hommes libres. Cet expédient doit être considéré comme la véritable origine de la noblesse française. Homme noble et homme libre devinrent deux choses différentes. Tout homme noble était libre, mais tout homme libre n'était pas noble, ce qui changeait entièrement l'ancienne constitution française.

Cette disposition des choses qui, parmi les citoyens français, établissait une caste patricienne et une caste plébéienne, fut favorisée par les changemens opérés dans les mœurs publiques. Nos pères, dont la simplicité égalait la grandeur d'ame, n'avaient garde d'admettre des destinctions dont les traces profondes se perpétuassent de siècles en siècles. Mais, lorsque la nation fut réduite en servitude, ceux qui la tenaient dans les fers couvrirent des titres que la bassesse prodi à la fatuité orgueilleuse.

Vers le siècle de Saint-Louis s'établirent des officiers publics qui constatèrent ces titres, jusqu'alors assez précaires. Les hommes, désignés auparavant par leur nom de baptème, commencèrent à se distinguer par celui de leurs fiefs; ils rapportèrent aussi des croisades, l'usage des armoiries. La France était remplie de ducs, de comtes, de marquis, de barons, de chevaliers, d'écuyers, de varlets, lorsque parurent, au sein de l'Empire, des hommes libres, sans armoiries, sans titres, offrant en tout le tableau de mœurs simples et austères des anciens Francs, leurs ancêtres.

Ces hommes furent d'abord au rang des affranchis; les barons trouvèrent le secret de les y laisser à jamais, contre le vœu des anciennes institutions. Ce moyen fut d'abandonner le titre d'hommes libres, d'hommes ingénus, dont les *Montmorenci* se paraient sous les Carlovingiens, pour prendre exclusivement celui d'hommes *nobles*, dont la signification n'était pas si bien déterminée par l'usage. Craignant bientôt que ce titre synonyme d'hommes illustres, ne les confondît à la longue avec les nouveaux hommes libres auxquels on donnait quelquefois le titre de nobles et d'illustres, dans les villes lorsqu'ils exerçaient les charges municipales, ils prirent chez leurs notaires et dans leurs châteaux, la dénomination burlesque de seigneurs hauts et puissans, de très-excellens barons. Ces excellens barons devinrent dans la nation, une nation particulière.

Les mêmes distinctions s'étaient établies en même tems en France et en Angleterre. La différence du génie des deux peuples se manifesta par des résultats bien opposés. En Angleterre, l'entrée des communes dans le parlement, fut le signal de la liberté publique. Le même événement en France ne fit que donner plus de ressort à l'autorité royale.

En France comme en Angleterre, l'assemblée nationale était composée de nobles et de prêtres; lorsque les communes y furent admises, les Anglais ne souffrirent jamais

que les prêtres et les barons formassent deux
chambres : on ne connut que deux ordres de
citoyens, les privilégiés et les non privilégiés : les non privilégiés donnèrent bientôt
la loi par leur masse. On adopta en France
une division différente. Les barons tinrent
leurs délibérations à part. Le clergé en fit
autant. Les communes parurent aux états-
généraux, sans prendre l'attitude qui leur
convenait. On se trompe cependant si on
pense que le nom de tiers-état donné aux
Français qui n'étaient ni du corps des barons, ni de celui du clergé, voulait dire que
les représentans de la nation ne formaient
que le dernier ordre dans l'assemblée de
cette nation. Le nom d'états-généraux n'était
pas même alors connu ; il n'y avait dans l'assemblée du baronage, *barnagium regni*,
ni premier, ni second, ni troisième ordre :
les communes parurent en tiers entre le
clergé et les barons, comme des conciliateurs.
Ainsi, dans les affaires contentieuses, termi-
nées par arbitrage, lorsque les deux parties
ont choisi un arbitre, on nomme de concert
un troisième juge, qui, malgré le nom de
tiers arbitre qui lui est donné, jouit cependant d'une influence principale.

Les états-généraux de France étant composés de trois chambres, ce fut bientôt une
loi que la volonté de deux ordres entraînait
celle du troisième. On ne prévoyait pas combien cette disposition tendait à avilir la masse
du peuple. Les impôts assis dans la suite sur
les seuls roturiers, n'existaient pas encore ;
les villes, qui seules envoyaient leurs députés
aux États, n'étaient grevées ni du tirage de
la milice, ni des corvées, ni d'autres charges
de cette espèce. Mais lorsque les impôts
perpétuels furent établis par *Charles VII*,
l'influence des communes devint nulle dans
les affaires publiques. Elles se virent perpétuellement sacrifiées aux deux premiers
ordres coalisés, pour écraser le tiers, pour
le charger de tous les subsides, et s'en exo-
nérer eux-mêmes. Les communes tournèrent
leurs regards vers les rois. Elles ne légali-
sèrent pas par une loi publique l'autorité
arbitraire de la couronne, comme les communes de Dannemark l'ont fait dans la suite ;
mais ne jouissant dans les états-généraux
que d'une force négative, elles s'employèrent
à favoriser l'augmentation progressive de la
puissance royale, préférable à l'aristocratie
froide et barbare qui régnait dans les états-

généraux. Tel fut le principe caché des variations éprouvées par le gouvernement de France. Bientôt les états ne furent plus convoqués que de loin en loin, dans les circonstances calamiteuses. Ces assemblées tombèrent en désuétude quand les rois crurent n'en avoir plus besoin. Mais alors les cours de justice, appelées parlemens, favorisées par les prêtres et par les nobles, avaient acquis une grande intensité de pouvoir, l'aristocratie se montrait en France sous une nouvelle forme.

Les barons cessant d'être souverains, mais restant un ordre séparé dans l'Etat, annonçaient les plus hautes prétentions. Cependant, la distinction entre les nobles et les roturiers n'était pas aussi exclusive qu'elle l'est devenue depuis. Les longues guerres entre la France et l'Angleterre, sous les rois *Jean*, *Charles V* et *Charles VI*, élevèrent entre eux le mur de séparation qui n'a cessé de se renforcer de siècle en siècle.

Pendant ces hostilités, avaient été levés des corps nombreux de milices; leur indiscipline était un fléau pour les campagnes. On proposa une solde assurée, au moyen de laquelle les soldats, soumis à une disci-

pline exacte, résideraient sur les frontières.
Ce fut le sujet des états-généraux tenus en
1439, par *Charles VII*, victorieux des
Anglais.

Savuron, qui copie la chronique de St.
Denis d'Alain *Chartier*, rapporte qu'il s'y
trouva de *moult notables gens envoyés de
tous les pays de France, et furent propo-
sées de moult belles choses hautement et
sagement*. Ces belles choses consistaient
dans le consentement des communes à convertir leur obligation de fournir, en tems
de guerre, les forces nécessaires pour ré-
pousser les ennemis, en un subside annuel
toujours subsistant. Telle fut l'origine de
l'impôt de la taille. La chambre des barons
et celle du clergé, composées d'hommes
plus éclairés, se gardèrent bien de consentir
à cette innovation en ce qui les concernait.
La taille ne fut donc imposée que sur ceux
qu'on appela, dans la suite, roturiers ; et
cela était juste, puisque cet impôt était re-
présentatif du service militaire, auquel les
possesseurs de fiefs ecclésiastiques et laïques
continuèrent d'être soumis.

En admettant ce changement, les communes commirent deux fautes énormes,

irréparables. Non - seulement il cimentait une distinction permanente entre les deux ordres exempts de subsides, et le peuple qui les payait; mais les communes, renonçant au maniement des armes, s'exposaient à être bientôt subjuguées par les troupes mêmes soudoyées par elles. Au surplus, les priviléges de la noblesse étaient plutôt attachés aux fonds de terre qu'aux personnes. Tous ceux qui possédaient leurs biens en fiefs, étaient appelés nobles. Ils ne payaient pas la taille, supportée seulement par ceux dont les biens étaient allodiaux. Les possesseurs de fiefs, restant tenus au service militaire personnel, cette obligation entraîna l'usage de ne pas morceler le fief du père de famille, mais de le transmettre tout entier au fils aîné. Tous les enfans, garçons et filles, partageaient, au contraire, les domaines allodiaux, après la mort de leur père. Ces héritages étaient ainsi rompus et morcelés; d'où provint, à leurs possesseurs, le nom de roturiers (*ruptores terræ*).

Pour passer dans la classe des nobles, le possesseur de biens allodiaux n'eut besoin, jusqu'au règne de Henri III, ni de lettres du prince, ni de posséder des offices anoblistans; il suffisait d'acheter un fief, ou de faire uniquement profession des armes. La noblesse n'était pas encore une propriété exclusive : chacun pouvait se la procurer à son gré. Cette simple observation démontre la frivolité de la plupart des généalogies. L'ordonnance de Blois, donnée en 1579, supprima la noblesse que chacun pouvait acquérir par la possession d'un fief; et ce ne fut que par un édit donné par Henri IV, en 1600, que la profession des armes cessa d'anoblir ceux qui l'exerçaient.

Jusqu'alors les simples citoyens ne pouvaient se plaindre des immunités attribuées à ceux qui prenaient le titre de nobles, puisqu'il ne tenait qu'à eux de les partager. Il paraît étrange que Henri IV, qui devait tant à ses braves capitaines, eût enlevé à la profession militaire son principal privilége; mais alors le service personnel et gratuit des nobles à l'armée était devenu à peu près nul. Cette milice excellente avant *Louis XI*, parce qu'elle était presque toujours sous le drapeau, dégénérait depuis le tems de *Louis XII* et de *François Ier*. Le gouvernement ne se servait presque plus que de troupes soudoyées, la convocation des nobles, sous le nom de ban et arrière-ban, tombait en désuétude. Il devenait urgent pour la Cour de restreindre une classe de citoyens dont l'excessive multiplication tendait à rendre inexigible l'impôt de la taille, perçu sur les seuls non nobles.

Si les états-généraux de France n'avaient été composés que de deux chambres comme ceux d'Angleterre, la raison aurait ordonné l'extinction des priviléges pécuniaires, fondés sur des causes qui n'existaient plus. Les nobles pouvaient d'autant moins refuser de partager les charges publiques, que non-seulement le titre de leur exception était caduc, mais que le service militaire tournait à leur avantage, parce que les emplois les plus honorables et les plus lucratifs de la milice étaient possédés par eux; mais la division des états en trois chambres, et la maxime que la volonté de deux chambres liait la troisième, rendait ce changement impossible, quoique réclamé par la justice la plus exacte. Les deux premiers ordres, accoutumés à mépriser et à ruiner le tiers, auraient bouleversé leur patrie plutôt que de consentir à supporter leur part des charges publiques.

CHAPITRE XXIV.

Circonstances progressives du grand pou-
voir obtenu par les parlemens, dans le
gouvernement de France.

AVANT la féodalité, la justice était rendue
dans les provinces par les comtes. Une cour
souveraine, établie dans le palais des rois,
révoquait ou confirmait les jugemens, et
renvoyait à l'assemblée du champ de Mars
les affaires dont les difficultés méritaient les
regards de la nation assemblée. Les plaids,
tenus chaque année en automne par Charlemagne, paraissent être l'origine des cours de
justice, connues dans la suite sous le nom de
parlement. Les séances de cette cour, régu-
lières sous Charlemagne, irrégulières dans
la suite, se confondirent avec les assemblées
des grands vassaux. La confusion augmenta
durant les croisades.

Il paraît que le président de la cour de
justice séante dans le palais des rois, portait
le titre de comte du palais ou de comte de

Paris. Les ancêtres d'*Hugues* Capet possédaient cette charge; ce prince la réunit à la couronne, les fonctions en furent confiées au grand sénéchal.

Thibaud, comte de Champagne, grand sénéchal de France, étant mort dans la Palestine, cette charge fut divisée par Philippe Auguste entre plusieurs baillifs établis dans ses domaines, et, pour remplacer la cour du palais, il ordonna en 1190 qu'un commun plaid, à l'exemple de celui d'Angleterre, se tiendrait trois fois par an dans Paris, pour juger les procès. Ce tribunal se composait de barons et d'évêques nommés par le roi, et auxquels était attribué un salaire. Le nom de plaids communs (*commune placitum*) fut remplacé par celui de petit parlement ou parloir du roi. Enfin le nom de parlement que prenait le baronage d'Angleterre, et qu'on donnait aussi au baronage de France, fut attaché par l'usage à ce tribunal; le baronage de France fut connu dans la suite sous le nom d'états-généraux.

Philippe le Bel ordonna que deux parlemens seraient assemblés chaque année dans Paris, pour terminer les procès. Comme les évêques et les barons étaient alors également

ignorans, on leur adjoignit des conseillers
rapporteurs choisis parmi des hommes qui
avoient étudié les lois. Quoique la voix de
ces rapporteurs fût simplement consultative,
ils étaient cependant les véritables juges, ils
dictaient les arrêts d'une cour qui ne voyait
que par leurs yeux. Devenus l'ame des parlemens, ils ne tardèrent pas à s'en rendre les
maîtres. De conseillers rapporteurs, ils devinrent conseillers jugeurs, pendant que les
barons, occupés d'expéditions guerrières,
s'absentaient de la cour. Ils en bannirent
même les évêques, sous le prétexte que la
résidence dans leurs diocèses était un devoir
plus sacré pour eux que l'administration de
la justice.

Le parlement devint peu à peu perpétuel
sans que les offices fussent donnés à vie aux
magistrats. Le roi faisait chaque année une
nouvelle nomination des individus qui devaient composer ce tribunal. Cet usage subsistait encore en 1358 (1). Une ordonnance
de Charles, régent du royaume, du 18 octobre
de cette année, statue que les officiers du

_____

(1) Ordonnance du Louvre, tom. 4, pag. 725.

parlement qui devaient finir leurs séances, continueraient à juger jusqu'à la réunion d'un autre parlement. Tous les autres parlemens furent institués successivement sur le modèle de celui de Paris. Pendant la démence de Charles VI toutes les parties de l'administration furent également négligées. Les commissions des juges du parlement n'étaient pas renouvelées ; ils se continuèrent d'eux-mêmes dans leurs fonctions, et quoique leur conduite ne fût pas légale, ils rendirent un grand service au public qui n'aurait eu aucun recours pour se procurer justice.

Jusqu'alors ce tribunal, occupé des seules affaires judiciaires, ne prenait aucune part à l'administration politique. Charles V lui donna un nouveau lustre en tenant dans son sein des séances solennelles où les grands intérêts de l'Etat étaient discutés. Ces séances, appelées dans la suite *lits de justice*, étaient un simulacre des anciens parlemens qu'on a voulu renouveler de nos jours dans la cour plénière imaginée par le cardinal de *Brienne*. On y voyait, à côté des évêques et des grands seigneurs, quelques notables de Paris à la suite des officiers municipaux de cette capitale. Dans un de ces lits de justice Charles V publia en 1375 l'ordonnance qui fixait à quatorze ans la majorité de ses successeurs, loi désavouée par la nature.

On a vu précédemment que tous les vassaux d'un grand baron s'appelaient pairs parce qu'ils étaient égaux entr'eux, que par la même raison les grands vassaux de la couronne portaient le titre de pairs de France, et que les jurés chargés de la décision de leurs procès criminels, étaient aussi qualifiés de pairs. Le parlement étant devenu le juge des grands seigneurs, prit le titre de cour des pairs. Sans qu'on puisse en indiquer la date précise, il en résulta que les grands seigneurs auxquels la qualité de pairs était affectée, continuèrent d'avoir séance dans ce tribunal lorsque les autres barons en étaient exclus.

Il est dans la nature des établissemens humains que, tout corps chargé de la discussion des affaires publiques va toujours augmentant son autorité s'il est continuellement assemblé. Animé d'un même esprit, il tient registre de tout ce qui est favorable à ses prétentions. Un point gagné l'est non-seulement pour toujours, mais il devient dans ses mains un moyen pour en gagner d'autres, et qu'il n'obtiendra pas dans un tems, viendra dans un autre : il ne lui faut que de la fermeté et de la patience.

Il est difficile d'expliquer comment s'établit l'usage d'enregistrer les lois aux parlemens. Il est probable que cet usage, semblable dans son origine et dans ses progrès aux autres usages de notre nation, s'est établi par hasard, s'est accrédité peu à peu, a souffert des variations, et doit à un concours de circonstances particulières sa grande importance.

Quand le royaume était en proie aux plus funestes divisions, déchiré par les grands, dévasté par les guerres civiles et étrangères, les provinces, pour prévenir la ruine entière de leurs propriétés, présentèrent plusieurs fois aux parlemens leurs oppositions aux ordonnances royales qui établissaient des impôts arbitraires. La confiance dont la nation honorait les juges suprêmes apprenait à ceux qui s'emparèrent successivement de l'autorité royale sous la longue démence de Charles VI, combien il leur était avantageux de ménager le parlement. Les ministres le consultèrent, ils prirent l'habitude de faire publier les édits dans l'assemblée des chambres, afin de paraître avoir leur approbation, Ils furent inscrits sur ses registres. Il est vraisemblable

que les magistrats se hasardaient de délibérer
sur ces édits, et quand ils ne les approuvaient
pas, on les enregistrait peut-être avec des
marques d'improbation, exerçant ainsi une
espèce de censure sur les actes législatifs.
Bientôt le parlement se mit en possession du
droit de faire des remontrances sur les édits,
comme un appendice du droit d'enregistrement. Les premiers états de Blois ayant décidé
que *tous les édits devaient être vérifiés et
comme contrôlés en cours de parlement
avant qu'ils obligent d'obéir, lesquelles combien qu'elles ne soient qu'une forme des
états-généraux réduite au petit pied, ont
pouvoir de suspendre, modifier et refuser
lesdits édits*, le parlement acquit une puissance d'opinion incommensurable. Le caractère que l'enregistrement donnait ou ne donnait pas aux lois, fut environné de voiles si
mystérieux, que l'administration publique
flotta entre le despotisme de la cour et l'aristocratie de la magistrature. Elle eut je ne
sais quoi de louche qui annonçait un gouvernement sans principes, se conduisant du jour
au jour à l'aventure, ne sortant d'un embarras
que pour tomber dans un autre.

Hume exalte cependant cette forme d'ad-

17 *

ministration, en la comparant au gouvernement anglais. Le sage *Hume* ressemble à *Tacite*, qui louait les mœurs des Germains, et à *Horace*, qui chantait les Gètes; l'un et l'autre pour faire la satire des Romains. Le parlement de Paris ayant enfin obtenu le droit de disposer de la régence, développa le système qu'il représentait les anciens champs de Mars; que les états-généraux convoqués par *Philippe* le Bel et par ses successeurs, ne tenaient pas à la constitution primitive de la nation; que leur droit se bornait à des doléances, dont le conseil jugeait arbitrairement, tandis que le parlement où siégeaient les pairs, semblable au parlement britannique par son essence, était le conseil nécessaire des rois, et ne formait avec eux qu'une seule puissance pour régir la nation.

CHAPITRE XXV.

Parallèle entre le gouvernement de Venise, le gouvernement d'Angleterre et l'ancien gouvernement de France.

LES historiens de Venise, écrivant sous les ordres du sénat, ont fait tous leurs efforts pour diminuer l'impression fâcheuse que la nature du gouvernement de cette prétendue république pouvait inspirer aux hommes doués d'inclinations nobles et généreuses. A les entendre, l'administration patricienne n'était pas aussi désagréable aux Vénitiens qu'elle pouvait le paraître à des peuples accoutumés à la liberté. Les patriciens étaient les descendans de ceux que les premiers habitans de Venise choisirent autrefois pour gérer les affaires publiques; ils respectaient dans les nobles de leurs jours, le choix de leurs aïeux.

A l'exception des magistrats, toujours revêtus de leurs robes de cérémonie, les nobles n'étaient distingués des citadins par aucune décoration extérieure. La justice se rendait avec une équité impartiale. Les nobles ne possédaient ni titres, ni châteaux, ni justice patrimoniale. Tous les Vénitiens payaient les impôts selon leurs facultés et non selon leur naissance. Les Citadins pouvaient parvenir à quelques places peu importantes, mais honorables : celle de grand chancelier leur était même affectée. Une excellente police maintenait dans Venise une perpétuelle abondance ; et les Vénitiens, jouissant de tous les avantages d'une société bien gouvernée, voyaient les patriciens moins comme leurs souverains, quoiqu'ils le fussent en effet, que comme des hommes sur lesquels ils se déchargeaient des affaires publiques, pour s'occuper uniquement de leurs affaires particulières.

On pense bien que cette peinture est l'ouvrage d'un noble vénitien. Le gouvernement de Venise était si odieux aux peuples voisins, que cette ville se trouvant exposée aux horreurs de la famine, dans le quatorzième siècle, Trévise, Padoue, Ferrare et les autres cités environnantes, se refusèrent à lui fournir du blé, à quelque prix que ce fût. On assure même que ce gouvernement tyrannique et

humiliant, fut le principe des efforts faits à
cette époque par les grandes villes de la
Lombardie et de la Toscane, pour opprimer
les nobles, dans la crainte d'être opprimées
par eux. On jouissait de la tranquillité dans
Venise, c'était la tranquillité des forçats sur
une galère : les sujets n'étant considérés par
leurs maîtres orgueilleux, que comme des
animaux de service, ne prenaient aucune
part aux succès et aux pertes du gouvernement. A l'époque de la ligue de Cambrai,
une seule bataille rendit les Français maîtres
de toutes les provinces vénitiennes. Venise
aurait disparu de la liste des villes indépendantes, si la division entre les confédérés ne
lui avait rendu ce qu'elle n'espérait plus de
recouvrer. Depuis lors, le sénat de Venise
tomba dans la circonspection la plus pusil-
lanime ; le caractère italien, ombrageux et
défiant, parut se renforcer chez les nobles
sénateurs : l'inquiétude politique du *pregadi*
se manifestait par les principes sévères de son
administration, par une horreur extrême de
ce qui montrait quelque élévation, par son
aversion pour la philosophie dont les maximes lui semblaient dangereuses, par l'es-

pionage et les rafinemens de vues minu-
tieuses. Il mettait sa confiance en trois inquisiteurs d'État, rodant sans cesse entre les
individus, la hache levée sur le cou de quiconque se permettait de parler du gouvernement en mal ou en bien. Cette pusillanimité
passait pour prudence; et l'expérience l'avait
en quelque sorte justifiée, puisque cet État,
malgré sa nullité politique et l'ambition de
ses voisins, restait intact et paisible; mais ce
rôle ne pouvait convenir à une grande nation.

Que *Puffendorf* qualifie tant qu'il voudra
d'irréguliers les gouvernemens mixtes, c'est-à-
dire ceux dans lesquels la monarchie, l'aristocratie et la démocratie se trouvent mêlées,
et pour ainsi dire fondues; la véritable régularité pour un gouvernement sera toujours
celle qui se prêtera davantage aux convenances des sociétés civiles. Le gouvernement
britannique offre cet heureux amalgame;
c'est un mode républicain très-convenable à
un grand peuple, et la meilleure preuve de
cette vérité, c'est qu'à l'aide de cette administration, les Anglais sont parvenus à toute
la prospérité à laquelle il est donné aux sociétés humaines d'atteindre.

A l'égard de la France, son gouvernement fut républicain sous la première dynastie et au commencement de la seconde, il devint anarchique lorsque mille tyrans féodaux s'emparèrent du pouvoir du roi et de la nation. Cette anarchie diminua à mesure que les communes, ayant racheté leur liberté, se gouvernèrent elles-mêmes, et furent introduites dans les états - généraux ; mais la division de ces états en trois chambres ne permit pas à la liberté introduite en Angleterre, lorsque les communes entrèrent au parlement, de prendre racine en France. En Angleterre, où le corps législatif ne formait que deux chambres, celle des communes obtint bientôt la prééminence, les charges publiques, et les honneurs publics furent le partage de tous les citoyens ; mais en France, les chambres de la noblesse et du clergé se réunirent constamment pour opprimer le tiers - état. Seul il paya l'impôt foncier, sous le nom de taille ; seul il recruta les armées par le sort, sous le nom de milice ; seul il fut soumis aux travaux publics, sous le nom de corvées ; seul il porta le faix de l'Etat. Toutes les charges de la société furent son lot; tous les avantages furent celui du clergé et de la noblesse. L'instant approchait où les non nobles seraient devenus serfs, comme l'avaient été leurs pères.

depuis que Napoléon premier souverain

CHAPITRE XXVI.

Le gouvernement de France était devenu une véritable aristocratie exercée par les nobles.

LE gouvernement de France n'était pas despotique, comme on l'a dit trop souvent, mal à propos. Des contre-poids balançaient suffisamment l'autorité des monarques : mais ces contre-poids, au lieu de se trouver dans les mains de la nation, semblaient disposés pour perpétuer et pour augmenter son oppression. Il était sans doute indifférent que les lois fussent l'ouvrage des représentans du peuple, et que le roi les sanctionnât, comme on le pratique en Angleterre, et comme on l'eût pratiqué en France, d'après la constitution de 1791, ou que le roi proposât les actes législatifs, lesquels, pour obtenir une force légale, devaient être discutés, admis et enregistrés par un corps autorisé par la nation à remplir cette fonction importante, comme on l'observe aujourd'hui chez nous, depuis que Napoléon *premier* gouverne l'Etat. Mais lorsque les premiers états de Blois eurent statué que cette autorité nationale appartiendrait aux parlemens dans l'intervalle des sessions des états, les parlemens, au lieu d'employer cette prérogative à l'avantage du peuple, réunirent leurs efforts à ceux de la cour pour éloigner la tenue des états. Ils auraient pu les suppléer si les charges de magistrature avaient été possédées par des nobles et par des non nobles : c'est ce qui n'arriva pas. Les membres des cours souveraines jouirent comme les membres du clergé, des prérogatives nobiliaires, et dans les derniers tems, les parlemens prirent des arrêtés pour n'admettre dans leur sein, que des nobles et des prêtres : dès lors ils ne représentèrent plus que ces deux ordres. On ne dut pas être surpris s'ils enregistraient, sans difficultés, toutes les lois dont les dispositions étaient à la charge du tiers-état, et rejetaient, sans ménagement, celles qui tendaient à rendre les charges publiques communes à tous les corps de l'Etat.

Depuis les dernières années du siècle de *Louis XIV*, les hommes attentifs ont regardé la France comme une aristocratie

exercée par les nobles, dont les chefs rési-
daient à la cour. Deux nations habitaient
ensemble le sol de la France. C'était le seul
lien qui les rapprochait sans les unir. Une
de ces nations était le peuple avili, écrasé;
l'autre, la noblesse altière et triomphante.
La noblesse se regardait exclusivement
comme la nation française. Le peuple, qui
cultivait toutes les sciences, qui exerçait
tous les arts, qui faisait naître toutes les
jouissances, était compté pour rien. La
noblesse jouissait des travaux d'autrui sans
les partager. L'industrie, le travail, la misère et le mépris étaient d'un côté; l'oisiveté,
les jouissances et le pouvoir de l'autre. La
noblesse formait une seule et immense
famille; répandue dans les provinces, elle
maintenait son empire par tous les ressorts
de la force publique. Le levier de sa puissance reposait dans Versailles, auprès d'un
monarque circonvenu par les principaux
membres de cette caste.

La cour, et non le roi, gouvernait l'Etat.
La cour choisissait et chassait les ministres,
donnait et ôtait les grandes places, dirigeait
les guerres et les négociations, et rapportait
à la noblesse toutes les actions d'éclat. A

force de sophismes, les nobles étaient parvenus à présenter leurs prérogatives comme
tenant aux principes fondamentaux de la
monarchie. A les entendre, la force de
l'Etat se concentrait dans leur classe. Les
non nobles n'étaient considérés que sous le
rapport des services qu'on en pouvait tirer.

Non-seulement les non nobles étaient
exclus de toutes les places de magistrature
dans les cours souveraines, mais la cour
ne choisissait ordinairement les évêques et
les abbés que parmi les nobles. On comptait
un grand nombre de chapitres, de cathé-
drales et de collégiales, dans lesquels le
tiers-état n'était pas admis. Le nombre de
ces établissemens exclusifs augmentait tous
les jours. J'ai vu un mémoire, imprimé en
1786, dans lequel on proposait au roi de
convertir tous les couvens de Bernardins
et de Bénédictins en autant de chapitres
nobles. Les non nobles ne seraient plus
entrés que chez les moines mendians. Des
signes de mécontentement général qui
commençaient à se manifester, arrêtèrent
seuls les effets de ce mémoire. Enfin, peu
d'années avant la révolution, un règlement
publié par le maréchal de *Ségur*, ministre

de la guerre, exigea des preuves de noblesse pour obtenir une sous-lieutenance dans un régiment. Un *Catinat*, un *Colbert*, un *Louvois*, un *L'hôpital*, un *Fléchier*, un *Bossuet*, ne seraient parvenus, sous *Louis XVI*, à aucune place principale dans le conseil du roi; dans le militaire, dans l'église, dans la magistrature.

Toute la force, toute la richesse, toute la gloire, toute la fécondité d'un Empire résident sans doute dans le peuple. Dans l'état où se trouvait la France, non-seulement dans la noblesse ne consistait pas la force de l'Empire, mais c'était une corporation oiseuse. Ne pouvant exister par elle-même, à défaut d'organes utiles, elle s'attachait à une nation laborieuse, comme les excroissances végétales, qui vivent de la sève des plantes fatiguées et desséchées par elles.

L'enfant d'un gentilhomme arrivait au monde fait pour tous les emplois auxquels la considération était attachée; tandis que l'enfant d'un roturier, malgré son talent et son mérite, devait languir toute sa vie dans l'humiliation des places subalternes. Une telle distribution, dont l'origine tenait aux préjugés des siècles d'ignorance, ne pouvait subsister éternellement chez une nation éclairée, industrieuse, pleine d'honneur et de courage. Si la classe la plus nombreuse, secouant un joug importun, demandait aux nobles par quel ordre des destinées ils prétendaient dominer sur leurs concitoyens, et les avilir? la nature et la raison n'avaient rien à lui répondre. Telle fut la cause secrète de notre révolution.

CHAPITRE XXVII.

Peinture des inclinations humaines. Causes éloignées de la révolution de la France.

On a peint les hommes courbés sous tous les fléaux, en butte à tous les travers, se dévorant dans la guerre, se trompant dans la paix, marchant de calamités en calamités, alternativement fourbes ou méchans, oppresseurs ou opprimés, bourreaux ou victimes, et la vie humaine comme une vaste scène de brigandages abandonnée à la fortune.

S'il est ainsi, éteignons le flambeau des arts, brisons nos institutions sociales, abandonnons nos villes, nos propriétés, nos habitudes, et, sous les lois de la seule nature, cherchons dans les contrées les plus désertes, la paix et la liberté. Mais les hommes, trop souvent trompés par ceux auxquels ils avaient confié le soin de les rendre heureux, furent encore calomniés par les écrivains qui devaient les instruire. La férocité naturelle au tigre n'est pas l'apanage de la race humaine. On a trop souvent converti les passions particulières en passions générales, les crimes des individus en accusations contre l'espèce humaine.

L'homme est le même dans tous les tems et dans tous les lieux ; vertueux par penchant, vicieux par intérêt, il se détermine par le degré d'intensité des passions qui l'agitent. Ces passions comprimées par les lois, n'éclatent dans toute leur force qu'au sein des convulsions politiques durant lesquelles, sans autre frein que sa conscience, sans autre règle que ses désirs, il manifeste sans contrainte ses erreurs, ses faiblesses, ses inclinations bonnes ou mauvaises, tous ses vices et toutes ses vertus.

L'intrépide matelot, enivré par le désir des richesses, ne craint pas de se confier sur les mers assaillies par les tempêtes. Ainsi, les tems orageux d'effervescence publique développent l'énergie des ames fières. Ces tems, à la fois salutaires et périlleux, font, sur les citoyens, l'effet de la loi de Sparte. Ils plongent les pusillanimes dans l'obscurité, et rendent l'empire aux hommes courageux, en leur inspirant cette ardeur, cet enthou-

siasme dont résultent, suivant les circonstances, les vertus les plus héroïques et les
atrocités les plus révoltantes.

Celui qui, dans le sein d'une société parfaitement organisée, coule doucement ses
jours sous l'empire tutélaire des lois respectées, conçoit à peine et les élans sublimes,
et les horribles excès dont les hommes sont
capables, quand, leur masse soulevée par des
causes qui souvent leur sont inconnues, ils
marchent en aveugles vers un nouvel ordre
de choses, comme Christophe *Colomb* mar-
chait vers la découverte d'un nouveau monde.

Combien de fois, malgré les monumens,
de l'histoire, n'avons-nous pas relégué au
rang des fables les conquêtes des Sésostris,
les armées des *Darius* et des *Xerxès*, les
proscriptions des *Marius* et des *Sylla*, les
atrocités commises par les *Néron* et les
Domitien, la dévastation de l'Europe par les
Vandales, les expéditions barbares des Normands, et les folies héroïques des croisades.
Les hommes robustes sont sujets aux maladies
les plus violentes; ainsi, la France en révolution devait produire des scènes infiniment
convulsives.

Lorsque le gouvernement de France pen-

18*

chaît vers sa ruine, je rêvais à la liberté. M'éloignant du triste Versailles et des bords rians de la Seine, j'errais par la pensée dans la patrie des *Phocion*, des *Aristide*, des *Epaminondas*, des *Philopœmen*; et lorsque je lisais dans le contrat social : « *Il n'a jamais existé une véritable démocratie, et il n'en existera jamais.... S'il y avait un peuple de Dieux, il se gouvernerait démocratiquement; un état si parfait ne convient pas à des hommes.* » Je regardais cette assertion comme l'erreur d'un grand homme. J'appelais du jugement de *Rousseau* à ces républiques célèbres dont les monumens vainqueurs des siècles commandent encore aujourd'hui l'admiration et le respect.

Cependant je ne me le dissimulais pas, la Grèce ne fut animée du noble feu de la liberté qu'aussi long-tems qu'elle préféra la pauvreté aux richesses. Mais, lorsque le luxe de Perse se fut introduit dans ces mêmes plaines de Marathon et de Platée, où *Miltiade* et *Pausanias* avaient vaincu les armées du grand roi; lorsque l'avarice, l'orgueil, l'amour des voluptés succédèrent chez les Grecs aux mœurs antiques, simples et sévères; lorsqu'Athènes, corrompue par *Périclès*, convertissait à l'usage des fêtes, les trésors destinés à l'entretien des armées; lorsque Corinthe témoignait plus d'égards pour ses baladins et ses courtisannes que pour ses magistrats et ses généraux; lorsque Sparte elle-même, éblouie par l'or des Perses, oubliait les dures institutions de *Lycurgue*, les ames dégradées s'ouvrirent à toutes les passions et à tous les vices; la liberté expirante n'eut plus d'asile. La ligue achéenne fit pour la rétablir des efforts inutiles. La Grèce attendait, au sein de la mollesse, le joug des Romains. Dévais-je conclure de cet exemple que la liberté ne saurait prendre racine chez un peuple riche, industrieux, et dont les mœurs étaient corrompues par les jouissances de la volupté.

Je voyais accourir le moment de l'expérience. Vers la fin du règne de Louis XV, une partie des fléaux versés sur la France, par le régime de la féodalité, se renouvelaient; une classe de citoyens, que le hasard de la naissance dispensait d'avoir du mérite, obtenait exclusivement toutes les grandes places, regardait l'Etat comme son patrimoine, et le peuple comme une proie qu'elle pouvait dévorer; mais ces absurdes usages excitaient une réclamation générale.

Une nombreuse et opulente corporation était en possession de troubler la société, sitôt qu'on voulait examiner ses obscurs et insociables priviléges, qu'elle appelait immunités. Les chefs de cette famille éternellement isolée, étalaient un luxe d'autant plus révoltant, qu'il contrastait davantage avec leur humble profession; mais les yeux s'ouvraient sur cet étrange renversement de toutes les idées économiques et morales.

La vénalité des charges de judicature, introduite par le chancelier *Duprat*, n'était pas abolie, et quelquefois le plus vil des hommes achetait le droit de prononcer sur la fortune, la vie et l'honneur des citoyens; mais chacun disait hautement : quand les juges achètent leur emploi, il faut bien que tôt ou tard, directement ou indirectement, la justice se vende. Le vœu général commandait l'anéantissement de cet infâme trafic. Il avait servi de prétexte à Louis XV, pour anéantir les grands corps parlementaires, quoique leur existence et leur pouvoir fussent envisagés comme essentiels à la stabilité de la monarchie.

Deux corporations peu nombreuses se partageaient toutes les jouissances, tandis que la nation entière avilie, méprisée, était condamnée à travailler et à payer. Une de ces corporations prêchait l'obéissance à cet ordre de choses, sous peine de damnation éternelle; l'autre, assise sur les tribunaux, placée à la tête des armées, devenue, sous divers noms, le conducteur de l'action du pouvoir arbitraire sur la nation entière, disait: nous vous forcerons bien d'obéir et de payer.

On ne pouvait pas dire que cet état, au point où un long usage l'avait généralisé, fût précisément un état de guerre, mais une étincelle pouvait allumer les matières les plus violemment combustibles. Les mœurs de la nation, le mélange opéré par les mariages entre les familles patriciennes et les familles plébéiennes, les anoblissemens, les richesses du commerce et de la finance, l'estime que les grandes villes accordaient aux sciences et aux arts, et d'autres considérations, surannaient, dans l'opinion publique, les vaines formules de la féodalité.

Personne n'était content en France. Non-seulement les hommes éclairés du tiers-état, dans la capitale et dans les provinces, se trouvaient humiliés par les barrières indécentes placées de toutes parts par la noblesse, et qui excluaient les non nobles des places honorables ; non-seulement le peuple des campagnes désirait plus d'aisance et de liberté, mais le même esprit d'inquiétude régnait dans les classes supérieures de la noblesse, du clergé et de la magistrature. Toutes les humeurs du corps politique fermentaient en même tems. La noblesse des provinces souffrait impatiemment les distinctions accordées à la noblesse de la cour. Le clergé inférieur haïssait le haut clergé ; la magistrature était divisée ; aucune subordination dans l'armée, surtout parmi les chefs ; un gouvernement sans nerfs, les grands dans un état de dégradation ; l'irréligion et l'immoralité infestaient les premiers ordres. Ils avaient secoué ce joug sacré sans lequel les hommes ne vivront jamais en société, et sans lequel il est encore bien moins possible qu'une grande nation soit gouvernée ou se gouverne elle-même.

C'était une pluie de vices, point d'asile

pour la vertu. La révolution en fut le produit. Puissent le passé servir de leçon
pour l'avenir! La France voulait recouvrer
sa liberté. D'un côté, ses moyens étaient
immenses; de l'autre, ceux qui, depuis
une longue suite de siècles, tenaient la
nation enchaînée, appelaient la ruse au
secours de la force, pour conserver des priviléges antiques dont la perte se présentait
à leurs yeux fascinés sous l'aspect d'une
dégradation. L'Europe suivait avec inquiétude, le mouvement de cette lutte, arrivée
dans une époque de raison et de lumières,
qui manquèrent aux autres révolutions de
cette nature.

CHAPITRE XXVIII.

Inconvéniens des révolutions.

DES hommes vomis par l'enfer, spéculèrent sur le mécontentement général pour bouleverser entièrement la France. J'ai vu la France couverte d'échafauds, et le sang humain coulant de toute part, abreuver une terre malheureuse pendant la plus affreuse et la plus désolante anarchie ; j'ai vu les scélérats les plus lâches et les plus farouches, réunis par le crime, enhardis par l'impunité, provoquer la destruction des arts, la chute des manufactures et de l'agriculture, le gaspillage des denrées de première nécessité, l'enlèvement des propriétés, le massacre ou la fuite des propriétaires, et s'étant emparés de toutes les fortunes, insulter par leur cynisme à la misère qu'ils avaient fait naître. L'égalité qu'ils prêchaient était un de ces plus anciens talismans employés par les charlatans politiques pour tromper le peuple. Ils savaient que le découragement des bons fait la force dès méchans, que le silence des sages consacre l'extravagance des fous.

O scènes effroyables, dont les siècles pourront à peine effacer la trace sanglante! Le souvenir de *Robespierre* effacera celui de tous les monstres dont le nom odieux a souillé les annales du monde. Sa mémoire atroce inspirera aux races futures le frémissement de l'horreur. Son nom, devenu la plus cruelle injure, servira d'épouvantail aux tyrans! Comment la postérité pourra-t-elle concevoir que, dans le tems où la jeunesse française repoussait les attaques combinées de l'Europe entière, la nation triomphante au dehors était toute entière menacée d'anéantissement par un petit nombre de vipères réchauffées dans son sein. Le ressort du gouvernement de *Robespierre* fut un sentiment de terreur; il s'appesantissait sur les bourreaux et sur les victimes.

Qu'on parcoure l'histoire de toutes les révolutions, partout on trouvera les équivalens de nos *jacobins*. Ces hommes de sang fomentèrent tous les désordres, se rendirent momentanément les idoles de la multitude, en achetant de sa misère et de son inexpérience, les forfaits qui leur étaient utiles. La

conséquence naturelle d'une révolution, est
de produire de pareils hommes. Les bouleversemens survenus dans les Etats, servent,
dit-on, à mettre chaque individu à sa place.
Cette assertion est démentie par l'expérience.
Les hommes les plus éclairés et les plus vertueux attendent comme *Cincinnatus*, que la
voix de leur patrie les tire de leur solitude.
Cette disposition est encore plus générale au
sein des vastes commotions populaires, et
lorsque les ressorts de l'Etat sont brisés,
l'homme le plus instruit, le plus digne des
grandes places, est précisément celui qui apprécie le mieux les qualités qui lui manquent;
il s'enveloppe dans l'obscurité, la carrière
est livré aux plus audacieux, aux hommes
qui ne doutent de rien, souvent aux intrigans, de là les malheurs des révolutions.

CHAPITRE XXIX.

*Dilapidation des finances. Causes pro-
chaines de la révolution de France.
Projet de Calonne.*

Ni *Colbert*, ni *Sully*, n'auraient rétabli les finances de France en 1784, à la fin de la guerre d'Amérique. Le genevois *Necker*, ministre des finances durant ces hostilités, au lieu d'embrasser un système judicieux d'économie, n'avait procuré des fonds que par des emprunts ruineux. Il fut successivement remplacé par *Joly de Fleuri*, et par *d'Ormesson*. Le premier imagina quelques droits sur les entrées de Paris, cette ressource ne produisit rien. Il se retira. Le second abandonna un fardeau au-dessus de ses forces. On appela *Calonne*. La ressource fatale des emprunts fut de nouveau employée. Elle devait s'épuiser promptement par l'abus même qu'on en faisait.

Maurepas, que *Louis XVI* avait nommé son principal ministre en montant sur le

trône, était mort en 1781. Sa place fut confiée à *Gravier de Vergennes*, dans un tems
où commençaient à circuler les élémens de
la commotion qui devait culbuter la monarchie. Ce ministre, d'un naturel timide, craignait de faire la moindre chose qui pût déplaire aux grands seigneurs, dont le crédit
l'aurait bientôt renvoyé dans la foule. Sans
caractère, sans élévation d'ame, il était cependant doué d'un sens droit avec beaucoup d'habitude des affaires. Alarmé de la situation
critique où l'on se trouvait, il ne laissa rien
ignorer à *Louis XVI.* Mais les ressources
qu'il proposait pour le rétablissement de
l'équilibre entre la recette et la dépense,
étaient d'une exécution d'autant plus difficile,
qu'il fallait surtout éviter une catastrophe
violente, et qu'au milieu d'une fermentation
très-prononcée, l'assiette économique d'un
nouveau plan d'administration conduisait
directement à cette catastrophe.

L'embarras des finances augmentait gra-
duellement par l'accumulation des intérêts
des sommes annuellement empruntées, depuis que *Necker* avait régi le contrôle général. Cependant, par l'effet de plusieurs
opérations ténébreuses, la masse de l'impôt

avait été augmentée de plus de cent millions.
Elle montait à cinq cent quatre-vingt-cinq
millions, d'après le livre intitulé : *de l'admi-*
nistration des finances, publié par *Necker.*
Malgré ce gigantesque surcroît de revenu,
la dépense surpassait la recette à la fin de
1787; les uns disent de soixante et dix, les
autres de cent dix millions.

Necker, en fixant, dans son ouvrage, les
regards du public d'une manière plus précise sur les charges et les ressources de la
France, donnait des appréhensions aux capi-
talistes, empressés, jusqu'alors, de porter
leur argent au trésor public, aussitôt qu'un
emprunt était ouvert. Il devenait difficile
d'emprunter davantage, malgré les offres
séduisantes faites aux prêteurs. Plusieurs
ministres étaient persuadés que la chute du
gouvernement ne pouvait être éloignée que
par une nouvelle distribution de l'impôt,
dont la seule proposition avait renversé
Machault, sous Louis XV, et *Turgot* sous
Louis XVI.

Pour parvenir à ce moyen avec moins
de secousses, *Calonne* non-seulement augmentait le nombre des assemblées provinciales, dont l'idée appartenait à *Turgot*,

mais, donnant à ces corps administratifs une nouvelle organisation, il n'avait aucun égard à l'ancienne distribution des trois ordres, soigneusement conservée dans les états provinciaux établis par *Necker*.

Dans les administrations créées par *Calonne*, il ne fut pas question de la naissance, mais des propriétés des citoyens. C'était comme propriétaire, et non comme prêtre, noble ou roturier, qu'on pouvait en faire partie. Quatre sortes de propriétés étaient distinguées : les terres seigneuriales, ceux qui les possédaient, nobles ou roturiers, ecclésiastiques ou laïques, composaient cette première classe; la seconde classe comprenait les biens simples du clergé; la troisième, les biens ruraux; la quatrième, les propriétés urbaines. De ces quatre classes, trois pouvaient être indistinctement remplies par des individus des trois ordres. Celle qui comprenait les biens du clergé, semblait plus exclusive; cependant, elle pouvait renfermer des laïques nobles ou non nobles, pour représenter les fabriques paroissiales, les hôpitaux, et d'autres biens de cette nature.

Cette opération généralisée, on pouvait espérer que les affaires publiques se traitant

dans ces assemblées, sans égard à l'ordre
personnel des individus, il se formerait bientôt une communauté d'intérêts capable
d'abaisser les barrières posées entre les
nobles et les non nobles, et de favoriser
une nouvelle distribution de la masse totale
de l'impôt. On eût probablement réussi,
si Louis XVI, au commencement de son
règne, n'eût rétabli les anciens parlemens
supprimés par Louis XV.

D'après les usages anciens de la monarchie, toute loi nouvelle sur les finances
devait être enregistrée dan l s parlemens.
Calonne ne pouvait se dissimuler que toutes
les tournures adoptées jusqu'alors pour assujettir les biens nobles aux charges communes,
avaient toujours été éludées avec succès par
ces grands corps de magistrature, et qu'il
allait éprouver la résistance la plus opiniâtre.

Calonne proposait dans le conseil de Versailles, le plan le plus hardi ; il voulait établir
une imposition territoriale sur toutes les propriétés, sans distinction : elle aurait remplacé
l'impôt de la taille, supporté par les seuls
roturiers, et les vingtièmes. Un second impôt était celui qui fut établi durant la révolution, sous le nom de timbre et d'enregistre-

ment. Ces institutions étaient liées à celles des administrations provinciales qu'on devait établir dans toutes les provinces. Il entrait encore dans les vues de *Calonne*, d'étendre à toutes les communions chrétiennes, les droits de citoyens français, dont jouissaient les seuls catholiques, et de faire plusieurs règlemens en faveur du commerce et de l'agriculture.

Pour suppléer à l'enregistrement parlementaire, *Vergennes* convoqua une assemblée des notables.

CHAPITRE XXX.

Assemblée des notables. Projets du cardinal de Brienne.

Depuis 1626, sous le règne de Louis XIII, les notables de France n'avaient pas été assemblés. Ils se réunirent à Versailles le 22 février 1787. *Vergennes* était mort; *Calonne* perdait en lui son principal appui. Cette assemblée se composait de sept princes du sang, de quinze archevêques ou évêques, de trente-six ducs, comtes ou marquis, de douze conseillers d'Etat, de trente-huit officiers de cours souveraines, du chef du Châtelet de Paris, de seize députés des pays d'Etat, et de vingt-cinq chefs municipaux des grandes villes, presque tous nobles ou anoblis. Jouissant des immunités nobiliaires, ils devaient apercevoir dans les projets de *Calonne*, l'expoliation prochaine de la noblesse. Ses projets furent successivement rejetés. Le ministre de Paris, *Tonnelier de Breteuil*, ennemi particulier du ministre des finances, assurait la reine, dont il avait la confiance, que cet éloignement général tenait moins à la nature des innovations présentées aux notables, qu'à la défaveur jetée sur elles par un homme personnellement odieux aux membres de l'assemblée. *Calonne*, congédié et accablé de malédictions, quitta précipitamment la France pour se soustraire à la vengeance de ceux dont ses projets tendaient à détruire les priviléges; il fut remplacé par un homme d'église : c'était, disait-on, pour enterrer le crédit public qui n'existait plus.

Les notables faisaient de vains projets, dépensaient beaucoup d'argent, sans remédier aux maux de l'Etat; et retournant dans leurs provinces avec des impressions défavorables à la cour, ils portaient toutes les pensées vers la convocation des états-généraux.

Le cardinal de *Brienne*, devenu principal ministre, s'étant approprié tous les plans de son prédécesseur, se flatta vainement de les faire enregistrer au parlement de Paris; éconduit par cette cour, il avait résolu de lui enlever en même tems une grande partie de sa considération et de son pouvoir : il s'agissait de créer dans le vaste ressort du parlement de Paris, six nouvelles cours souve-

raines, sous le nom de grands bailliages. Les
peuples, obligé d'aller chercher la justice
fort loin, auraient applaudi à ce changement.
Cette érection devait être enregistrée dans
une assemblée extraordinaire, composée des
princes, des pairs, des grands officiers de la
couronne, et d'un certain nombre de magistrats, de militaires et d'officiers municipaux
des grandes villes. *Brienne* prétendait que
cette assemblée représentait les anciennes
cours plénières, tenues par les anciens rois de
France. La cour plénière devait aussi enre-
registrer les impôts de subvention territoriale, de timbre et d'enregistrement. Les
princes, les parlemens, la haute noblesse et
le clergé assemblé à Paris, se réunissaient
pour arrêter un événement qui allait les soumettre aux charges publiques.

Dans ces circonstances délicates, le principal ministre proposa imprudemment d'acquitter en papier une partie des rentes sur
l'hôtel de ville de Paris ; les clameurs des
créanciers de l'Etat se joignant aux plaintes
de tous les mécontens, *Brienne* se sentit incapable de résister à l'orage, il donna sa démission, et tous ses projets s'évanouirent.

On assure qu'entretenant Louis XVI pour

la dernière fois, il lui fit envisager le rappel
de *Necker* au ministère des finances comme
la seule mesure capable de retarder la chute
du trône. Tous les courtisans savaient qu'un
amalgame de vanité, d'ambition et d'hypo-
crisie, formait le caractère de *Necker*, et
qu'en ménageant son amour-propre avec cet
art dans lequel on excellait à Versailles,
c'était l'homme de l'Europe le plus propre
à rattacher la multitude aux marches ébranlées du trône.

Une conduite très-adroite durant son précédent ministère, prouvait qu'il affectait
quelquefois des manières républicaines pour
donner à ses actions un caractère d'originalité
qui plaisait jusqu'aux plats valets de Versailles. Son prétendu rigorisme admirable
dans un livre, ou dans la représentation mi-
nistérielle, ne l'avait pas empêché de pourvoir avec abondance à toutes les profusions
de la cour. D'ailleurs, *Necker*, né plébéïen,
ne partageait pas la défaveur populaire éprou-
vée par les autres ministres, dont les vues
étaient toujours attribuées aux préjugés des
castes dans lesquelles les rois choisissaient
ordinairement les organes de leurs volontés.

CHAPITRE XXXI.

Convocation des états-généraux. Projets de Necker.

LES princes, les pairs, le parlement, le clergé, les pays d'Etat et toutes les grandes corporations, réclamaient simultanément la convocation des états-généraux. Presque tous les ministres de Louis XVI pensaient que cette mesure pouvait entraîner la dissolution de la monarchie. Ils éludaient cette convocation, tandis qu'ils négociaient avec tous les corps dont les efforts réunis pouvaient combler le déficit des finances. Je présentai à ce sujet un plan au clergé, dont l'admission eût prévenu sa chute malheureuse ; mais il fut rejeté ; ce qui me fit prévoir une partie des catastrophes dont nous avons été témoins.

Necker ne partageait pas les appréhensions des autres ministres, il avait pour lui l'expérience des siècles passés, durant lesquels la cour avait constamment dominé les assem-

blées nationales par les moyens de corruption.
Il est aisé de paralyser les résolutions des assemblées extrêmement nombreuses en mettant en opposition les intérêts particuliers de
ceux qui les composent avec l'intérêt général.
Ce moyen fut constamment employé durant
la révolution par les factions dominantes.
Necker, beau parleur, tenant une excellente
maison, distributeur des places et des pensions, se flattait de jouer le rôle le plus brillant sur le plus brillant théâtre. Il fit décider que les états-généraux seraient prochai-
nement assemblés.

Le but principal de cette convocation était
une augmentation d'impôt. On regardait
comme impossible de faire supporter cette
augmentation par les communes. Cependant
la distribution des états en trois chambres,
deux desquelles entraînaient le vœu de la
troisième, excluait l'espoir de rejeter cette
charge sur les deux premiers ordres. La conduite tenue dans l'assemblée des notables
annonçait celle qui se tiendrait dans les états-
généraux. Le moyen imaginé, par *Necker*,
pour prévenir cet inconvénient, fut d'or-
donner que le nombre des représentans du
tiers-état, serait égal à celui des deux autres

ordres réunis. Dans cette supposition, les communes attirant à leur parti quelques prêtres, ou quelques nobles, devaient faire décider par les états que les délibérations se prendraient par tête, et non par ordres. Alors la force des choses devait contraindre la noblesse et le clergé à partager les charges générales. Elles pouvaient être augmentées jusqu'à la concurrence des besoins de l'Etat, sans écraser les communes. Pour assurer l'exécution de ce projet *Necker* se proposait encore de faire nommer, parmi les représentans du clergé, un grand nombre de curés attachés aux communes.

Les opérations du tiers devaient le brouiller irrévocablement avec la noblesse et le haut clergé. C'est aussi ce qu'attendait *Necker*. Il se proposait d'augmenter la mésintelligence par toutes les ressources que lui donnait le maniement des finances, d'envenimer les haines, et d'opérer la dissolution d'une assemblée dans laquelle la discorde aurait établi son empire.

Après avoir ainsi trompé la nation, il eût consolidé la puissance royale, en mettant en évidence les fausses démarches suggérées par lui-même. Si, au contraire, ce projet ne

réussissait pas, et que la puissance royale
succombât, il devenait le héros du parti
auquel il avait fourni des armes. Tels furent les élémens de la conduite tenue par
Necker.

Plusieurs écrivains, confondant les tems
et les lieux, ont prétendu vainement que
durant la révolution, la cour de France se
conduisit en aveugle sans avoir de projet
arrêté. D'après cette fausse assertion, ils ont
mis sur le compte de cette imprévoyance
prétendue, l'abîme dans lequel fut précipité
le monarque et la monarchie. *Necker* avait
un plan dont les principales parties correspondaient ensemble. Il le suivit avec adresse,
aussi long-tems qu'il ne fut pas entraîné par
une série d'événemens incalculables. Ainsi
le pilote prévoyant l'orage serre les voiles,
tient le vent le mieux qu'il peut, et conserve
sa route ; mais lorsque les élémens en furie
rendent inutiles l'industrie et la force des
matelots, il s'abandonne à ses destinées. Mais
l'exécution de ce plan exigeait d'autres talens
que ceux de l'agioteur *Necker* ; il est même
douteux que, dans la circonstance où l'on se
trouvait, les hommes les plus consommés dans
la politique n'eussent pas été entraînés hors

de leurs mesures, par le torrent de l'opinion publique brisant tous les obstacles.

La double représentation du tiers-état fut ordonnée par un arrêt du conseil (1), malgré les réclamations des princes, des pairs et des parlemens. *Necker* proposait Paris pour le lieu de la résidence des états-généraux ; d'autres personnes, mieux intentionnées, conseillaient au roi de les tenir dans Blois, dans Poitiers, dans Tours ou dans Bourges, mais surtout d'éviter le voisinage de la capitale, dont le poids immense devait donner à la chambre du tiers une influence incalculable. La voix de la mollesse se joignit à celle de *Necker* pour étouffer celle de l'intérêt du roi et du royaume dans l'ame des courtisans efféminés. Comment abandonner les délices de Paris ? La reine ne voulait pas s'éloigner de Trianon, ni le comte d'Artois de *Bagatelle*. Les états furent assemblés à Versailles. A cette faute impardonnable doit être attribuée la tournure que prit la révolution.

_____

(1) Le 27 décembre 1788.

CHAPITRE XXXII.

États-généraux.

Lorsque la révolution s'annonça, tous les cahiers des bailliages demandaient que les états-généraux, tenus à des époques fixes devinssent désormais un ressort ordinaire du gouvernement; que les lois ne fussent faites, et les impôts établis que de leur autorité; que les charges publiques fussent supportées par tous les citoyens, en raison de leur fortune, et que tous les citoyens, sans distinction de caste, fussent appelés, suivant leurs talens, à remplir les grandes comme les petites charges civiles, militaires et ecclésiasiques. C'étaient précisément les concessions offertes par le roi, dans la séance royale, trois sémaines après la réunion des états. L'admission de cet ordre de chose, non-seulement n'eût souffert aucune difficulté dans une assemblée nationale, convoquée à soixante lieues de Paris, mais elle eût été accompagnée des plus vives acclamations. Ce système avec quelques ampliations, et en laissant au roi l'autorité nécessaire pour jouir de la haute considération due à son rang, et pour tenir d'une main ferme les rênes de l'Etat, eût fait de la France, à mon avis, une république très-régulière, sans avoir besoin de la motion de l'histrion Collot d'Herbois, appuyée par le curé G.

. On devait s'attendre aux dissensions qui s'annoncèrent dès les premières séances des états-généraux. Mais lorsque la chambre du tiers, fortifiée par quelques nobles et un grand nombre de curés, eût substitué à la dénomination d'états-généraux, celle d'assemblée nationale, la cour parut frappée d'une stupeur subite. Tous les esprits paraissaient électrisés. Le clergé avait décidé, à une grande majorité, que la vérification des pouvoirs des députés des trois ordres se ferait en commun; une minorité qui se fortifiait tous les jours, adoptait la même opinion dans la chambre de la noblesse. Enfin, les trois chambres se réunirent ou feignirent de se réunir. Alors le plan de *Necker* écroulait par ses fondemens, parce que son exécution dépendait de la division des états en trois chambres, et de l'impulsion qu'il pourrait

donner à l'une ou à l'autre de ces trois chambres pour les engager à prendre des arrêtés
tellement contradictoires, que la dissolution
des états en devînt le nécessaire résultat, et
cependant ne pût être attribuée aux manéges
du ministre, mais aux dissensions nées dans
l'assemblée, et qu'il était impossible d'arrêter.

Dans les anciens états-généraux, lorsqu'une chambre voulait une chose, une autre
chambre formait souvent un vœu absolument
contraire. Cette contradiction ne pouvait
avoir lieu dans une assemblée unique dont
le vœu de la majorité présentait constamment
la volonté nationale.

Le roi prit trop tard le parti de s'environner de troupes, de chasser *Necker*, et de
transporter loin de Paris la représentation
nationale. Un vertige inconcevable s'était
emparé de toutes les têtes. Soixante mille
hommes s'arment subitement dans Paris. Le
régiment des gardes françaises, gagné par
l'argent du duc d'Orléans, se range dans les
rangs de l'armée parisienne; la Bastille est
prise d'assaut; la *Fayette* et *Bailli* sont nommés par les Parisiens, l'un commandant militaire, l'autre maire de Paris. Deux cent mille
individus armés ou non armés, marchent

à Versailles. Le roi est contraint de venir à Paris pour approuver les événemens les moins concevables. Dès ce moment, il n'est plus roi que de nom : cependant, ses ennemis craignaient que, prenant mieux ses mesures, il ne parvînt à se soustraire lui-même et à soustraire l'assemblée nationale à l'influence de l'armée parisienne. Paris se porte de nouveau sur Versailles le cinq octobre. Le château est assiégé ; la vie de la reine est menacée ; le roi est conduit dans Paris ; il y fixe sa résidence et celle de la représentation nationale.

CHAPITRE XXXIII.

Fondation de la société des Jacobins et de celle des Cordeliers.

VERS le tems de l'ouverture des états-généraux, plusieurs associations politiques se formèrent à Versailles, sur le modèle des clubs anglais. Le club breton, ainsi nommé, parce qu'il était principalement composé de députés de Bretagne, devint la plus considérable de ces sociétés. Un autre club, encore plus important, s'assemblait à Passy, dans la maison du duc d'Orléans. Dans cette dernière assemblée les mesures furent prises pour l'insurrection du 14 juillet et du 5 octobre 1789.

Lorsque l'assemblée nationale, à laquelle on donna, dans la suite, le nom d'*Assemblée constituante*, transporta sa session à Paris, les clubistes de Passy se réunirent d'abord au Palais-Royal. Les membres du club breton qui prenaient dès lors le titre d'amis de la constitution, s'établirent place des Victoires, en face de l'hôtel de Massiac. Bientôt ce local, ne pouvant contenir une société devenant tous les jours plus nombreuse, le club fut transporté aux Jacobins de la rue Saint-Honoré. Les clubistes furent alors connus sous le nom de *Jacobins*. Plusieurs clubistes du palais royal s'y réunirent.

Les uns ont prétendu que les fondateurs de cette société étaient des hommes d'un patriotisme épuré, réunis pour se communiquer respectivement leurs lumières sur le dessein formé par eux d'anéantir les fléaux qui dévoraient la France depuis plusieurs siècles, et de conduire les Français à la liberté par la voie de l'instruction. Mais *l'ennemi sema l'ivraie parmi le bon grain*. Les puissances étrangères, frappées d'étonnement à la vue des faisceaux de lumières jaillissant des *jacobins* pour éclairer l'Europe, renouvelèrent l'aventure de *Phaéton*. Par elles furent lancés dans le club patriote par excellence des hommes d'une imagination vive, féconde, exaltée, et d'une ame gangrenée ; au lieu d'approfondir les principes, on exagéra les résultats : oubliant que la vertu s'éloigne de tous les excès, on ne proposa plus que des partis extrêmes. Parlait-on de liberté, elle était confondue avec la licence; parlait-on d'égalité, la loi agraire était prêchée; s'agissait-il de comprimer les ennemis publics, on proposait froidement d'exterminer tous les prêtres et tous les nobles, ceux même qui vivaient de la manière la plus obscure et la plus paisible sous la protection des lois. On proposait même de démoraliser le peuple, et on n'y réussit que trop, en détruisant le culte de l'Etre suprême.

Bientôt il ne fut question aux *jacobins* que de sang et de pillage; les hommes vertueux, étourdis, consternés par un langage qu'ils n'étaient pas accoutumés d'entendre, désertèrent le club les uns après les autres, remplacés par des *Mahomets* ou des *Séïdes*. Le peuple, dont on ne parlait aux *jacobins* que d'écraser les ennemis, ne prévoyait guère que ces projets infernaux cachaient la conquête de la France, méditée dès lors, et exécutée depuis par les prétendus amis de la constitution.

D'autres ont assuré que des niveleurs, des aplanisseurs, des *levellers* semblables aux frères rouges dont se servit *Cromwel* pour parvenir à ses vues, fondèrent les jacobins : ces intrigans, lorsque la Bastille fut abattue, se vantèrent d'avoir tout fait, tandis que, pendant le combat, ils restaient cachés chez eux. Leurs satellites, répandus dans les provinces, prodiguant à pleines mains l'or que le duc d'Orléans faisait la sottise de leur fournir, soulevèrent la masse de la nation en lui inspirant des frayeurs imaginaires. Partout on prit les armes pour se garantir d'une armée de brigands, dont l'approche était annoncée avec mystère, et qui n'existait pas. Alors se formèrent ces comités, ces districts, première origine de la nouvelle organisation sociale que nous avons vu s'établir en France. La monarchie, minée par ses fondemens, n'avait plus aucun appui solide; l'opinion publique la faisait chanceler comme les vents se jouent des nuages.

Les *jacobins* persuadés que, dans les premiers momens d'effervescence, le peuple incertain se livrerait aveuglément à ceux qui se présenteraient pour le conduire, formèrent bientôt leur plan. Ils rassemblèrent à Paris et dans les provinces des hommes d'un esprit turbulent, d'une éloquence impétueuse, d'une réputation équivoque, d'une conduite peu délicate, dérangés dans leur fortune, tourmentés par leurs créanciers et pouvant rétablir leurs affaires par le renouvellement de toutes les places et le bouleversement de toutes les propriétés.

Ils se dirent les amis de la constitution qui s'élevait, et, sous ce titre respectable, ils réunirent sous leurs enseignes un grand nombre de bons citoyens, qu'ils ne mirent pas dans le secret de leurs vues, et dont le zèle, les talens, les vertus favorisaient leurs succès.

Une fois consolidés, les jacobins profitèrent des vertus des hommes probes qu'ils s'étaient attachés, pour gagner la confiance de la multitude ; à l'aide de ces auxiliaires, et d'une fausse réputation de patriotisme, ils vinrent à bout de s'ériger insensiblement en puissance supérieure à la représentation nationale. Au surplus, soit qu'on adopte l'une ou l'autre de ces opinions sur le berceau des jacobins, les résultats sont les mêmes. Dès que le nombre des *levellers* balança dans le club celui des gens de bien, l'influence de ces derniers fut nulle.

Les jacobins s'emparèrent des journaux pour diriger l'esprit public ; ils se lièrent par des affiliations avec ceux de leur parti répandus dans toutes les villes : eux seuls purent écrire ce qui leur convenait. S'étant déclarés censeurs de la pensée, quiconque

eût osé parler contre eux , se voyait dénoncé
à l'opinion publique, comme ennemi de la
patrie. Les gens dévorés par la soif des richesses, se faisaient recevoir de toute part dans
les sociétés affiliées à celle qui disposait de
tout. Le blâme où la louange circulaient avec
rapidité, sur le compte de ceux qu'il importait aux jacobins de prôner ou de perdre.

Chacun craignait de déplaire aux jacobins :
cependant leur machiavélisme se couvrait
d'un épais nuage ; le jacobinisme était une
maladie nouvelle dont on voyait les symptômes , tandis que leurs terribles effets se
cachaient encore.

Ceux des clubistes du palais royal qui ne
s'étaient pas fait recevoir aux jacobins, obligés de cacher leurs vues particulières, s'étaient
établis dans la maison des cordéliers , en face
de l'école de chirurgie. *Danton* donna à ce
nouveau club, le titre de *société des droits
de l'homme.* Ces sociétaires furent plus connus sous le nom de *Cordeliers.*

CHAPITRE XXXIV.

Système politique des Jacobins et des Cordeliers.

Les deux sociétés jacobine et cordelière s'accordaient pour propager l'anarchie ; mais l'une voulait la faire tourner au profit du duc d'Orléans, auquel on destinait la couronne de France ; l'autre se proposait de profiter pour elle-même du fruit de la révolution : les uns et les autres cachaient avec soin leurs projets destructeurs ; ils n'étaient connus que des seuls individus composant les comités administratifs des cordeliers et des jacobins. Le commun des affiliés, amoureux de l'indépendance, exaltés par les discours brûlans de patriotisme prononcés souvent dans les tribunes des deux clubs, croyaient se dévouer à la liberté devenue leur idole : ils ignoraient qu'on se servait d'eux comme d'aveugles instrumens de désordre et de carnage. Un grand nombre d'entre eux, séduits long-tems par un prestige qu'on ne saurait peindre, ne furent détrompés sur le compte de *Marat*, de *Danton*, de *Robespierre* et de leurs sanguinaires suppôts, qu'à l'époque fatale où les malheurs de la France, portés à leur comble, mirent dans le jour le plus odieux leurs vues aussi intéressées que désorganisatrices.

Parmi les coryphées du club des cordeliers, les uns travaillaient franchement à porter le duc d'Orléans sur le trône, les autres cachaient des vues différentes ; ils se montraient attachés au duc d'Orléans, parce que, pour bouleverser la France, ils avaient besoin des trésors que le duc d'Orléans seul pouvait fournir : leur rôle était excessivement difficile à jouer. Assujettis à une perpétuelle dissimulation, ils paraissaient au dehors les plus zélés orléanistes. Cette diversité de pensées dans ceux qui composaient la faction d'Orléans, donne la clef des intrigues secrètes qui poussaient d'Orléans au trône, et qui l'arrêtaient lorsqu'il se croyait au moment d'y monter ; et de cette presque unanimité avec laquelle il fut abandonné, lorsque sa fortune étant détruite par ses profusions folles et incalculables, on n'avait plus aucune ressource à attendre de lui.

Danton se flattait d'obtenir le principal crédit sous le règne du duc d'Orléans. *Robespierre* se croyait assez de talent pour précipiter de la roche tarpéïenne le duc d'Orléans et son futur chancelier ; mais ses projets ambitieux ne pouvant réussir qu'à l'aide de l'argent du duc d'Orléans, il se couvrait du masque le plus impénétrable.

L'esprit des jacobins se rapprochait davantage des formes républicaines. Ils affectaient le mépris des grandeurs et des richesses, et ne paraissaient occupés que du bien public. Tous leurs discours alambiqués étaient parsemés de ces mots imposans : *subsistance du peuple*, *bonheur du peuple*, *puissance du peuple*. Maniaques adorateurs d'une chimérique égalité, ils la voulaient à tous les égards, dans tous les genres, sous tous les rapports et par tous les moyens. Le patriotisme était le talisman employé par eux pour entraîner la multitude. Ils ne mettaient pas même en question si le patriotisme peut exister sans le concours d'autres vertus ; *Dub. Cranc.* faisait un jour un pompeux éloge d'un jacobin nommé *Desfieux*. Quelqu'un lui dit en ma présence : Mais, votre *Desfieux* est un coquin. — N'importe, c'est un patriote. —

Mais c'est un voleur. — C'est un patriote.
On ne put en arracher que ces trois mots.

Le club des jacobins, sous le nom de
Société-mère, devint peu à peu le centre
auquel correspondaient toutes les sociétés
populaires, répandues dans les villes de
France, grandes ou petites. Cette circonstance força les cordeliers à s'introduire aux
jacobins les uns après les autres. On vit dans la
suite les cordeliers faire souvent aux jacobins
une guerre ouverte jusque dans le lieu de leurs
séances. *Robespierre* portait ordinairement la
parole pour les cordeliers; il les abandonna
pendant le procès de Louis XVI : ce ne fut
cependant qu'après le 3i mai 1793, qu'il se
déclara ouvertement contre eux.

Dans ces débats domestiques, les cordeliers
avaient sur les jacobins l'avantage dont les
jacobins jouissaient à l'assemblée nationale.
Ayant délibéré préalablement dans leur club
sur les objets qu'ils voulaient faire adopter
par la *société-mère*, ils apportaient à la discussion qui s'y établissait, une opinion formée et unanime, se rendaient à l'assemblée
en grand nombre, proposaient la matière
dans les tems les plus favorables, et séduisaient d'autant plus aisément les hommes non

préparés à leur répondre, qu'une classe mou-
tonnière était nombreuse aux jacobins comme
ailleurs.

De là, les arrêtés des jacobins envoyés
solennellement aux sociétés affiliées, n'étaient
fréquemment que ceux des cordeliers ; d'ailleurs les deux sectes s'accordaient dans tant
de points principaux, que leurs divisions in-
térieures furent long-tems atténuées dans
l'opinion publique : elles ne devinrent évi-
dentes que depuis le 10 août 1792. Les deux
sectes, sans cesser de correspondre ensemble,
se montrèrent dès lors ennemies acharnées.
Elles se réunissaient toutes les fois qu'il s'agissait d'écraser leurs ennemis communs, et dès
que l'opération était finie, ces hommes de
sang tournaient contre eux-mêmes les poi-
gnards dont leurs mains étaient armées :
ainsi des voleurs se réunissent pour égorger
les passans, et se battent ensuite lorsqu'il faut
partager les dépouilles.

Quelques-uns ont pensé que les jacobins
n'adoptèrent le principe d'une désorganisa-
tion générale de l'Empire français, qu'à
l'époque où les cordeliers furent mêlés avec
eux, vers le tems de la fuite du roi à Varennes.
Vaines allégations. Le génie de la société

jacobine fut constamment celui de la destruction. Son plan fut de tout détruire, sous prétexte de tout niveler. La masse des jacobins se composait de ces hommes qui, réunissant l'assemblage du dénûment, de la fainéantise, de l'audace et de l'ignorance, sont véritablement la lie des peuples. Mais comme leurs premiers coups ne portèrent que sur les classes supérieures de la société généralement jalousées, quelques observateurs couvraient les décombres dont ils s'entouraient, d'un voile d'amour du bien public : ils croyaient même voir la borne qui ne serait pas franchie par eux.

Des mémoires de *Dumourier* circulèrent dans Paris vers le tems du supplice de *Robespierre*. Ce général, après avoir prouvé dans cet ouvrage, dont un exemplaire me fut envoyé d'Allemagne, que le gouvernement le plus convenable à la France était une monarchie mixte ou constitutionnelle, sur le modèle de celle d'Angleterre, mettait dans leur jour les véritables projets des jacobins et des cordeliers. « On renversera l'ordre établi, disait *Dumourier* ; à l'aristocratie (1) qui subsiste en France, suc-

(1) Mém. de Dumourier, préface, pag. 31.

cédera la puissance de la populace, dont
la tyrannie deviendra insupportable. Les
terres, les châteaux, les meubles précieux
de la noblesse et du clergé ne peuvent pas
être partagés également; ils deviendront la
proie des intrigans ou des scélérats les plus
déhontés. Peut-être verrons-nous un jour
l'ex-capucin *Chabot*, seigneur de Chantilly,
Bazire, seigneur de Chambord, *Merlin*,
seigneur de Chantelou, remplaçant le grand
Condé, le maréchal de Saxe, le duc de
Choiseul; peut-être verrons-nous des métamorphoses encore plus extravagantes. Que
gagnera le peuple à ce changement des
grandes propriétés? il ne fera que changer
d'aristocrates ». Telle fut en effet l'arrière-
pensée des deux factions jacobines : le bouleversement total des propriétés était aussi
nécessaire dans le système des uns et des
autres. Les uns et les autres se flattèrent
qu'après avoir bouleversé toutes les idées,
mis en fuite tous les principaux propriétaires, détruit le commerce, l'agriculture,
l'industrie, ils s'empareraient aisément de
toutes les fortunes, ils les partageraient entre
eux, et dominant sans obstacle sur un peuple

ignorant, pauvre et malheureux, ils réta-
bliraient en France le régime féodal.

C'en était fait de la région la plus fertile,
la plus populeuse et la plus éclairée de
l'Europe. En proie à tous les fléaux que le
crime peut réunir pour la destruction d'un
vaste Empire, ses lois, ses mœurs, ses richesses allaient disparaître en même tems.
Sa population elle-même se serait anéantie
au milieu des boucheries humaines ouvertes
de toutes parts par les jacobins, pour opérer l'immense métamorphose qu'ils méditaient.

La postérité ne croirait jamais que le
projet des deux factions anarchistes était
de réduire le sol de la France à huit millions d'habitans, si cette épouvantable vérité
n'était sortie de la bouche des scélérats
que les vacillations révolutionnaires conduisaient de tems en tems à l'échafaud, pêle-
mêle avec leurs victimes infortunées, et qui
dans les derniers instans de la vie, où l'homme
ne dissimule rien, dévoilaient les forfaits
de leurs complices.

On assure que quelqu'un ayant demandé
à *Robespierre* quel était le terme des assassinats juridiques commis journellement, en

reçut cette réponse : « Toutes les personnes attachées à l'ancien régime le regretteront toujours ; les individus de toutes ces classes, âgés de plus de trente ans, en 1788, doivent périr, c'est le seul moyen de consolider la révolution. »

Pour parvenir à cet étrange résultat, les désorganisateurs employaient les sociétés populaires répandues partout. Ces sociétaires travaillaient souvent à faire réussir des projets dont ils ignoraient le but. On leur parlait de régénération, ils croyaient régénérer la race humaine en la mutilant. Ainsi *Pelias* fut égorgé par ses filles, auxquelles *Médée* avait fait entendre que le moyen de rajeunir leur père était de commencer par le tuer.

On rebattait leurs oreilles des droits des pauvres, ils croyaient travailler pour lui en favorisant l'assassinat des riches. On parlait de conspirations et de conspirateurs, ils pensaient assurer le bonheur de leurs enfans, en éteignant des foyers de discorde offerts à leurs regards trompés.

Au moyen de ces conspirations, perfidement combinées dans le comité de correspondance du club des jacobins, la hache révolutionnaire pouvait être promenée de

villes en villes, de provinces en provinces.
Les cités de France les plus riches devaient
être englouties dans le gouffre du néant.
Le sceau de la proscription fut mis sur Lyon,
Marseille, Bordeaux, Nantes, Toulouse,
Rouen, Montpellier, Nîmes. Après la destruction de ces villes célèbres par leurs
richesses et leur industrie, d'autres communes auraient disparu sous les torches
embrasées des brigands stipendiés, auxquels
fut donné le nom d'*armée révolutionnaire*.

Paris, le centre et le foyer de la révolution, se croyait en vain à l'abri de cette
subversion générale. Les jacobins ménageaient l'immense population de cette capitale, soulevée par eux à leur gré; mais de tems
en tems ils laissaient entrevoir le sort qui
lui était destiné : on répétait dans mille pamphlets, que les palais somptueux, asiles des
arts, insultaient à la simplicité des mœurs
républicaines. Les grandes villes, disait-on,
doivent être considérées comme la sentine
de l'espèce humaine ; elle s'y dégrade par le
luxe, la mollesse et toutes les passions libidineuses ; il faut à des hommes libres des
cabanes éparses dans les champs, des armes,
une charrue et des manufactures gros-

sières, avec quelques arpens de terre : dans
ces champêtres asiles, sans jalousie, sans
craintes et sans désirs, les nouveaux Francs
au sein d'une pauvreté honorable, devaient
ramener chez eux les jours fortunés de l'âge
d'or.

Ces peintures romanesques séduisaient la
multitude des ouvriers, des manœuvres, des
journaliers et des autres individus des deux
sexes qui, dans l'immensité de Paris, possédant à peine une chambre et quelques
meubles de peu de valeur, ne prenaient aucun intérêt à la conservation d'un amas de
maisons. Ces hommes, étrangers à Paris, regardaient même cette destruction comme
pouvant leur être avantageuse sous le rapport
du pillage, dont il était probable qu'elle serait accompagnée. Qui ne sait combien faci-
lement les jacobins pouvaient amener l'occasion d'exécuter cette horrible catastrophe!

La soif du pouvoir, cette terrible passion
qui, lorsqu'elle est contrariée, change les
hommes en tigres, garantit la France de
l'excès de misère et d'opprobre dans laquelle
elle était entraînée par la marche des événemens. Les jacobins et les cordeliers, en im-
molant tous les individus, dont ils enviaient

les richesses et les talens s'étaient proscrits
respectivement et guettaient l'occasion d'exécuter cet arrêt avec la férocité des canni-
bales. Leur conduite était d'autant plus astu-
cieuse, que, vivant ensemble avec la plus
extrême défiance, il leur importait de la cacher à tous les yeux, pour ne pas décréditer
devant leurs prosélytes communs, les mesures
qu'ils prenaient de concert contre les audacieux qui auraient pu les démasquer.

Cependant, par les suites de leurs efforts
combinés, presque tous les principaux propriétaires de France, pour se soustraire à la
fatale guillotine, avaient abandonné leur
patrie. Une loi leur défendait d'y rentrer,
sous peine de mort. Leurs biens, déclarés
propriétés nationales, étaient vendus en assignats, dont la masse effrayante passa cinquante milliards. On ne parlait en France
que par millions. Les prodiges opérés sous
la régence, par le système de l'écossais *Jean
Law*, étaient peu de chose auprès de ceux
qui se répétaient sous nos yeux. Les possesseurs des assignats vous disaient que la république vendait ses domaines à des prix exor-
bitans, mais en effet ces prix ne représentaient aucune valeur réelle : quelqu'un m'of-

frit un million de mes livres et de mon mince
mobilier. On se procurait un joli presbytère
avec sa cour et son jardin pour douze louis
d'or, qui valurent jusqu'à deux cent cinquante
mille livres en assignats. Le château et le parc
de Gaillon, appartenans auparavant aux archevêques de Rouen, estimés deux cent
mille écus, furent vendus pour une somme en
papier, qui représentait trente mille francs :
c'était à peine un pot-de-vin raisonnable pour
un tel marché.

Presque tous les biens nationaux étaient
vendus de cette manière. *Mirabeau* avait
osé dire à la tribune de la constituante,
qu'il s'agissait moins de vendre les biens
nationaux, que de les distribuer aux amis
de la révolution ; ce procédé s'exécutait à
peu près littéralement. La plupart des héritages appartenans auparavant au clergé et
aux émigrés, passèrent dans les mains des
possesseurs de grandes sommes d'assignats ;
et comme les jacobins et les cordeliers partageaient presque exclusivement cet avantage, ils devinrent les propriétaires de la
fortune publique. Mais l'aveugle fureur avec
laquelle ils se poussaient les uns les autres
sous le couteau de la guillotine, ne leur

permit pas d'achever, sous le règne de *Ro-bespierre*, l'entier bouleversement de la France. Ce système fut de nouveau mis en œuvre après son supplice, par ceux qui s'emparèrent du pouvoir. Il eût été probablement suivi de l'infernal succès qu'on s'en proposait, si le génie de la France n'eût suscité *Bonaparte* pour briser la hache populacière, pour rendre les Français aux institutions sociales convenables à un grand peuple, pour enchaîner le démon de la discorde, pour ramener parmi nous la tranquillité, les doux loisirs, les mœurs, les lois et le bonheur.

CHAPITRE XXXV.

Emigrations. — Fuite du roi.

Les chefs de la faction d'Orléans mirent les premiers en pratique le système inconcevable du bouleversement total de la France. J'ai déjà observé que dans le club de Passy furent déterminées les insurrections du 14 juillet et du 5 octobre 1789. Dans le même tems de nombreux émissaires, répandus dans les provinces, montraient une prétendue déclaration du roi qui autorisait les villageois à détruire par le fer et par le feu les châteaux, les archives seigneuriales et tous les signes extérieurs de la féodalité. Un de ces porteurs de faux ordres parcourut une partie de la Guienne, annonçant qu'une armée composée d'Anglais et de nobles français, s'avançait, et qu'on ne pouvait prévenir la dévastation du pays que par une insurrection générale contre la noblesse. Il fut arrêté et conduit dans les prisons de Bordeaux ; mais tandis qu'on

instruisait son procès, des prétendus ren-
seignemens que voulait prendre sur son
compte le corps législatif, le conduisirent
à Paris. Ce scélérat ne fut pas puni.

Une manœuvre semblable se répétait en
Normandie. Le comédien *Bordier*, sur le
théâtre des Variétés Amusantes, avait joué le
rôle d'idiot avec une vérité à faire illusion.
Ce même homme, à la tête d'une petite
armée de bandits, après avoir pillé plusieurs
magasins, s'étant éloigné du gros de sa troupe,
fut arrêté par un détachement des milices
bourgeoises, et conduit dans les prisons de
Rouen. A cette nouvelle une insurrection
alarmante éclatait dans cette ville. Les magistrats, pour en arrêter les suites, rendirent
la liberté au prisonnier. Il prit sur-le-champ
le chemin de Paris, laissant dans Rouen ses
compagnons sans chef. Cette poltronerie les
indispose; ils le suivent, l'atteignent, le
ramènent dans Rouen, et le livrent à la
justice. Il fut pendu par arrêt du parlement,
qui ne subsista pas long-tems après cet acte
de justice.

Partout ailleurs le crime triomphait. Dans
la seule province de Dauphiné, trois mois
après l'ouverture des états-généraux, on

comptait trente-six châteaux brûlés. Les nobles étaient aussi maltraités dans les autres provinces. Le principe de ces atrocités fut d'abord caché; on sut dans la suite que c'était un des moyens imaginés dans le conseil du duc d'Orléans, pour soulever les peuples contre le roi, et le précipiter du trône. Le duc d'Orléans employait sa fortune entière à l'exécution de ce projet sous lequel il fut lui-même écrasé dans la suite.

J'ai aussi observé que malgré le serment fait par le roi à l'hôtel de ville de Paris, de maintenir le nouvel ordre de choses, on craignait qu'il ne prît contre les jacobins des mesures de rigueur : les orléanistes rendirent ce moyen impraticable en désorganisant l'armée entière, comme avant la journée du 14 juillet ils avaient désorganisé le régiment des gardes françaises : le refus fait par les soldats d'obéir à leurs officiers dans une occasion délicate, avait été préconisé comme l'effort d'un généreux patriotisme. Les soldats furent récompensés d'une médaille d'or. Tous les régimens se croyant dans les mêmes circonstances, les officiers furent contraints de prendre la fuite. Je ne critique pas cette conduite, dont les suites furent favorables à la cause de la révolution ; je fais seulement entrevoir les causes de ces vastes émigrations dont nous avons été témoins. Presque tous les officiers avaient quitté leurs drapeaux pour se rassembler au bord du Rhin. Les princes, les grands seigneurs, les principaux magistrats et les principaux financiers prenaient la même route. Le prince de Condé se rend à Coblentz, le comte d'Artois à Turin, les tantes du roi à Rome ; enfin, le roi prend le funeste parti d'émigrer lui-même avec sa famille. Monsieur et Madame arrivèrent sans obstacles en Allemagne ; le roi et la reine arrêtés dans Varennes, furent ramenés à Paris.

La fuite du roi fut attribuée à une cause particulière, différente de celles dont les émigrations générales étaient les suites ; malgré la réunion des trois ordres dans l'assemblée constituante, on y distinguait deux partis très-prononcés : ils furent connus sous le nom de côté gauche et de côté droit, parce que les membres d'un parti se plaçaient ordinairement à la droite du président, et ceux de l'autre à sa gauche. Le côté droit défendait plus ou moins les anciennes institutions de la monarchie. Le côté gauche était constitutionnel ; on y voyait un assez grand nombre de nobles et même des principales maisons du royaume. Quelques-uns d'eux avaient à se plaindre de la cour, et tous beaucoup d'ambition. Ils désiraient la réforme de quelques abus, mais leur zèle était aussi intéressé qu'actif. S'ils diminuaient l'autorité royale qui leur faisait ombrage ; s'ils abandonnaient le clergé et la petite noblesse dont les prétentions les fatiguaient ; s'ils approuvaient la suppression des droits féodaux, ils se flattaient de recueillir le fruit de leur condescendance. Leur but était d'introduire en France la constitution anglaise, qui n'admet d'autres nobles que les pairs siégeant à la chambre haute. Ils se croyaient déjà les nobles lords.

Les ouvrages de *Voltaire*, de *Montesquieu* et plus récemment celui de *de l'Orme*, donnaient à la constitution britannique beaucoup de partisans parmi nous. On admirait l'équilibre des trois pouvoirs des communes, des pairs et du roi, lesquels, sans cesse aux prises l'un contre l'autre, arrêtaient, par l'effet de leur combinaison, les efforts que chacun d'eux en particulier aurait tentés avec succès pour détruire la constitution. Cependant , la constituante décréta (1) que le corps législatif français serait composé d'une seule chambre. Les députés nobles, investis de popularité, ne désespéraient pas de faire rapporter ce décret à la révision de l'acte constitutionnel. Il passa pour constant que, pour y réussir plus sûrement, *la Fayette*, de concert avec *Bouillé* son cousin, et plusieurs membres de l'assemblée constituante, eut l'art d'engager Louis XVI à prendre la fuite, après avoir fait toutes les dispositions nécessaires pour qu'il fût arrêté sur les frontières.

La Fayette pensait que *Louis XVI*, étourdi de sa chute, se laisserait conduire comme on voudrait, et qu'on proposerait l'établissement des deux chambres dans le corps législatif, comme un équilibre politique désirable dans une assemblée qui allait être l'arbitre des destinées de la France, capable d'éteindre l'effervescence générale, de ramener les émigrés dans leurs propriétés dès lors respectées, et d'inspirer de la confiance aux puissances étrangères. Il est probable

_____

(1) Le 10 septembre 1789.

que, durant l'inertie momentanée à laquelle
les jacobins et les cordeliers se réduisirent
après une insurrection qu'ils avaient suscitée
au champ de Mars, pour faire prononcer la
déchéance contre Louis XVI, et qui ne leur
réussit pas, ce projet aurait prévalu si *la
Fayette* se fût concerté avec le duc d'Orléans. Ce prince aurait concédé tout ce qu'on
aurait voulu, pourvu qu'il parvînt à la couronne. Mais dès qu'il fut convaincu que
l'arrangement proposé par *la Fayette*, détruisait tous ses projets d'élévation, ses émissaires se réunirent pour rendre du courage
aux jacobins et aux cordeliers dispersés ; ils
reparurent dans leurs clubs, cabalèrent à
leur manière accoutumée ; et quoique tout
le monde sût que presque toutes les législatures des Etats-Unis d'Amérique, étaient
partagées en deux chambres, on n'assurait
pas moins à la tribune de la société-mère,
et dans tous les journaux maratistes, que
toute fraction sectionnaire dans le corps législatif était contraire à l'unité républicaine.
Cette opinion répercutée dans toutes les sociétés affiliées, devint celle à laquelle la
constituante se conforma en révisant la constitution.

Il ne resta à *la Fayette* que les regrets
d'avoir creusé de ses mains l'abîme dans
lequel Louis XVI fut englouti. En vain, pour
expier cette faute aux yeux de l'Europe, il
s'attacha étroitement au monarque auquel il
avait ravi l'estime d'une partie de la nation,
le mal était désormais sansremè de. Ce fut la
cause secrète des traitemens rigoureux qu'il
reçut dans la suite, lorsque, trahi par l'in-
constante fortune, il fut obligé de fuir dans
les pays étrangers.

CHAPITRE XXXVI.

Massacres de septembre.

IL est probable que le désir de forcer la plupart des prêtres d'abandonner la France,
entra pour quelque chose dans les vues des
jacobins, lorsqu'ils engagèrent la constituante
dans la fausse démarche de donner au clergé
une constitution civile. Cependant les choses
ne tournèrent pas comme ils l'avaient
prévu. Le serment exigé à l'occasion de
cette nouvelle constitution, ne regardant que
les prêtres conservés dans la nouvelle organisation, c'est-à-dire les évêques et les curés,
les autres ecclésiastiques auxquels la constituante avait assuré des pensions convenables,
en supprimant les abbayes, les canonicats et
les autres bénéfices, restaient chez eux satis-
faits de leur sort.

En général, si les peuples n'aimaient pas
les nobles dont ils étaient opprimés ou mé-
prisés, attachés par d'antiques liens à la religion de leurs pères, ils respectaient les minis-

tres du culte qui les consolaient dans leurs
peines, et qui prêchaient une morale gardienne
des mœurs publiques. Ces hommes précieux
pouvaient être considérés comme des médiateurs dont les représentations, appuyées par
l'influence des idées religieuses, étaient en
mesure de ramener tous les partis à des termes
de conciliation et de paix. Il était essentiel
aux jacobins et aux cordeliers de *déjouer* une
conspiration si contraire à leurs projets dévastateurs. Les massacres de septembre furent
résolus : événement affreux dont tous les
trophées de la révolution n'effaceront jamais
la tache sanglante. Assassiner lâchement pendant plusieurs jours huit ou dix mille individus, au milieu d'une ville dont les habitans
passaient pour avoir des mœurs douces et des
habitudes frivoles ; c'est un de ces attentats
contre l'espèce humaine dont heureusement
les exemples sont rares parmi les atrocités
dont les hommes se sont souillés. La soif de
l'or, cette aveugle déité à laquelle les jacobins
offraient leur encens, leur inspira cette horrible *forme acerbe*, selon l'expression de
Barr... Six cents prêtres furent massacrés dans
le couvent des Carmes ou dans le séminaire de
St.-Firmin. Les mêmes horreurs se répétèrent

dans toutes les prisons de Paris. La princesse *de Lamballe*, une des femmes les plus estimables de son siècle, fut assassinée dans la prison de la Force.

Je ne saurais offrir le dégoûtant tableau que présentaient toutes les prisons de Paris. Ce souvenir glace encore mes sens. Quels sont les crayons assez rembrunis pour peindre des furies dont les figures et les vêtemens se couvraient de lambeaux de chair humaine, pour peindre des monceaux de cadavres qui obstruaient les places adjacentes aux prisons, et des pavés abreuvés du sang qui coulait dans les ruisseaux. On voyait des chariots d'écurie enlevés dans les hôtels du faubourg St.-Germain, conduits par des hommes ivres, dégouttans de sang, emporter successivement les corps mutilés, et les précipiter dans les carrières de Mont-Rouge, à une lieue de Paris. On voyait sur ces chariots jusqu'à des femmes assises; elles tenaient dans leurs mains des membres humains, et les montraient aux passans qui reculaient d'horreur.

Plusieurs prêtres se conformèrent aux lois nouvelles; d'autres, abandonnant leur état, se cachèrent de leur mieux : le plus grand nombre chercha le repos sur une terre étrangère.

CHAPITRE XXXVII.

Assemblée législative.

LA constituante n'avait pas été témoin de cette abominable boucherie. Le corps législatif qui, lui succéda fut connu sous le nom d'assemblée législative. La division de la constituante en deux partis opposés était une suite du mode employé dans sa composition. On aperçut avec surprise la même rivalité dans la législative, composée d'élémens, plus homogènes. C'était le résultat de l'ascendant que les jacobins et les cordeliers avaient pris dans les élections. La différence principale entre les individus composant le côté droit et le côté gauche de la constituante et de la législative, consistait à en ce que les membres de la droite qui, sous la constituante, militaient en faveur de l'ancien gouvernement de France, défendaient, sous la seconde, la constitution acceptée par le roi, tandis que les membres de la gauche, révolutionnaires dès la première législature, l'étaient encore sous la seconde. Ici, ils avaient

détruit l'ancien gouvernement; là, ils voulaient détruire le nouveau.

Parmi les constitutionnels siégeant au côté
droit de la législative, se trouvaient plusieurs
fauteurs des anciennes institutions. Leur influence inutile au régime qu'ils voulaient relever fortifiait les anti-constitutionnels. La
constitution leur était odieuse, en ce qu'elle
bornait l'autorité du monarque : ils favorisaient en secret les mouvemens capables d'en
précipiter la ruine. Les anti-constitutionnels
profitaient de cette disposition pour parvenir
à leurs fins : de là cette incroyable facilité
avec laquelle s'écroula un monument qui
semblait destiné à un sort plus heureux,
L'œuvre de la constituante tombait en lam-
b·aux dès les premières séances de la seconde
assemblée nationale : ses procès-verbaux n'en
étaient que les registres mortuaires.

Les jacobins et les cordeliers, en sapant
l'édifice par ses fondemens, cachaient avec art
leur travail à tous les yeux ; ils se prêtaient
à la comédie des sermens ; ils s'écriaient en
riant : Nous voulons la constitution ou la
mort ! lorsque par l'habileté de leurs manœuvres, ce contrat social s'écroulait, non-
seulement par les coups qu'ils lui portaient

ouvertement, mais par ceux qu'ils lui faisaient porter par les royalistes dont ils dirigeaient sourdement le bras.

Le château des Tuileries fut attaqué le
10 août (1) par un rassemblement de plus
de cent mille hommes. On pense qu'il périt
dans cette journée environ cinq mille cinq
cents personnes. Le roi, contraint de se réfugier avec sa famille dans le sein du corps
législatif, fut enfermé dans la tour du Temple.
L'assemblée législative se sépara après avoir
convoqué une convention nationale pour
prononcer sur le sort du roi prisonnier, et
pour réviser l'œuvre de la constituante.

_____

(1) 1792.

CHAPITRE XXXVIII.

Convention nationale. — Procès de Louis XVI.

J'AI vu des hommes profondément frappés de l'incohérence presque perpétuelle attachée aux accidens de la révolution française, la comparer à ces maladies extraordinaires dont les symptômes contradictoires trompant l'habileté des médecins, mettent leur théorie en défaut, et les forcent d'abandonner à la nature ou au hasard la guérison incertaine du malade.

Il est certain que presque toutes les révolutions politiques furent conduites par des ambitieux habiles à tromper les peuples sur le but auquel ils tendaient par les voies les plus tortueuses. Si plusieurs de ces événemens tumultueux furent préparés par la sagesse, les passions les plus corrosives s'en emparèrent bientôt, et des convulsions inattendues les poussèrent à des résultats contraires aux projets des premiers moteurs.

Mais la révolution de France offre ce caractère particulier qu'elle fut conduite dès son principe par plusieurs factions ennemies les unes des autres, en même tems acharnées à s'entre-détruire et à faire naître en leur faveur l'opinion publique par toutes les voies capables de circonvenir et de séduire un peuple amoureux de nouveautés. Le choc des passions les plus discordantes et en même tems les plus exaltées, formaient un tel entortillage dans l'action totale du mouvement révolutionnaire, qu'il offrait l'image du chaos à ceux dont les yeux n'étaient pas assez exercés pour reconnaître la marche particulière de chaque parti, au milieu de l'apparente composition semblant résulter des politiques combinaisons les plus disparates. Ainsi, l'homme témoin pour la première fois d'une partie d'échecs, ne concevant pas la marche particulière affectée à chacune des pièces, n'aperçoit qu'irrégularités dans un jeu dont toutes les chances savamment combinées, sont soumises à un calcul mathématique.

Au sein de la divergeance des opinions nées dans les clubs, au milieu d'une inquiétude générale et d'une agitation violente dont les motifs n'étaient pas bien connus, s'était formée la convention nationale qui devait ébranler les gouvernemens de l'Europe, et détruire celui de France. Cette assemblée ouvrit ses séances le 21 septembre 1792. Sa première opération fut d'abolir la royauté, en proclamant que la France serait régie démocratiquement. Par ce seul décret, l'œuvre de la constituante n'existait plus.

Cinq partis absolument distincts divisaient la convention nationale. Un de ces partis était composé des députés attachés à l'œuvre de la constituante. Le second parti se prononçait en faveur de la démocratie établie dans les Etats-Unis de l'Amérique, et ses chefs n'étaient pas d'accord sur le degré d'autorité nécessaire au magistrat suprême dans ce système de gouvernement adapté à un état d'une aussi vaste étendue que la France. Les cordeliers formaient le troisième parti; le quatrième était celui des jacobins (1).

---

(1) Lorsque ces deux partis se réunissaient, on lui donnait collectivement le nom de parti de la *Montagne*, parce que leurs coryphées se plaçaient ordinairement sur les gradins les plus élevés du côté gauche du président.

Au milieu de ces quatre partis, s'établit celui auquel fut donné burlesquement le nom de *parti du ventre*. Ceux de cette faction conventionnelle ne combattirent jamais ; ils n'avaient même aucune opinion uniforme. Sans déployer la moindre énergie, leur seule occupation était de jouir tranquillement des avantages attachés à la qualité de député au corps législatif. Plusieurs montaient quelquefois à la tribune dans les occasions où l'étalage d'une vaine éloquence les faisait distinguer sans les exposer à aucun danger. Mais le plus grand nombre restait constamment nul. Ils arrivaient les derniers aux séances conventionnelles, en sortaient les premiers, et s'enfermaient chez eux dans les tems de crise. Ils auraient pu par leur médiation désarmer les combattans ; mais occupés uniquement de leurs intérêts personnels, les convulsions les plus violentes ne les tirèrent jamais de leur état léthargique.

On aurait pu considérer comme un sixième parti, le petit nombre de députés auxquels on donnait le nom de *royalistes*. Ce parti écrasé par le côté gauche de la constituante et de la législative, devenu protéiforme par la nécessité de se cacher avec soin, se mêlait suivant les circonstances à tous les partis,

et agissait sourdement sans jamais se montrer
à découvert.

Quatre de ces partis se réunissaient pour
détruire la constitution proclamée par la
constituante. Les uns et les autres agissaient
par des vues différentes. Les cordeliers avaient
besoin de cette mesure, pour placer le duc
d'Orléans à la tête des affaires, les jacobins
pour établir leur fortune au sein de l'anarchie,
les démocrates pour rendre leur système
triomphant, et les royalistes pour rétablir le
roi dans les prérogatives dont la constitution
l'avait privé.

Les démocrates, en proscrivant la monarchie, n'étaient pas éloignés d'user d'indul-
gence envers le monarque, soit que ce sentiment leur fût dicté par l'humanité ou qu'ils
aperçussent les suites désastreuses que le
supplice de Louis XVI pouvait entraîner.
Cependant plusieurs d'entre eux désiraient
que ce prince infortuné fût condamné à mort,
en restant les maîtres de faire exécuter ou de
ne pas faire exécuter la sentence, suivant les
circonstances. Les deux factions anarchiques,
au contraire se montraient altérées du sang
de Louis XVI.

Pendant que la convention instruisit le

procès du roi, on avertissait de toute part
les démocrates que les anarchistes auxquels
les voies les plus détournées convenaient,
les mettaient en avant et profitaient de la
confiance qu'ils inspiraient pour propager
leurs maximes destructives de toute police,
et qu'ils les égorgeraient dès qu'ils auraient
égorgé Louis XVI. Ces sinistres présages faisaient peu d'impression sur des hommes qui
se croyaient profondément versés dans les
affaires, et capables de maîtriser par la force
de leur éloquence les mouvemens du peuple
les plus tumultueux. Regardant la condamnation du monarque comme le ciment propre à consolider la nouvelle démocratie, par
eux fondée, persuadés en même tems que
pour éviter une fâcheuse commotion dans
cette circonstance, il était nécessaire qu'un
ébranlement universel et subit donnât un
autre cours à l'opinion publique, ils regardaient les vociférations sanguinaires des jacobins comme un mal passager dont un bien
durable devait résulter.

Ils pensaient que les jacobins, odieux à tout
le monde par leurs excès, seraient infailliblement écrasés sous les décombres dont ils
s'environnaient. Louis XVI, accusé et jugé

par la convention, fut condamné à mort par
une majorité de cinq voix; et lorsqu'il fut
question de voter sur la question de la non-
exécution du décret, le nombre des députés
pour le sursis fut de trois cent dix; ceux contre le sursis de trois cent quatre-vingts : le roi
fut exécuté (1).

_____

(1) Le 21 janvier 1793.

CHAPITRE XXXIX.

Les anarchistes écrasent les démocrates, et
règnent par la terreur.

Les royalistes et les constitutionnels étaient écrasés. Alors les deux factions anarchiques ne ménageant plus les démocrates, les enveloppèrent dans la proscription générale de tous leurs ennemis. Dans le système des jacobins, tout gouvernement capable de protéger les personnes et les propriétés ne pouvait convenir, ils ne voulaient pas plus de la démocratie que de l'aristocratie ou de la monarchie. Il leur fallait une anarchie complète. Les chefs des démocrates montraient des talens et des vertus, c'est ce qui assurait leur proscription.

Jamais entreprise plus périlleuse ne fut exécutée avec plus d'adresse. Les jacobins prenaient le titre d'amis de la constitution lorsqu'ils détruisaient la constitution, ils se proclamèrent les amis de la liberté lorsqu'ils poursuivaient les amis de la liberté avec toutes les ressources de la force et de la ruse. Ils

perfectionnèrent l'art machiavélique d'in-
venter des trahisons et de les attribuer à ceux
dont la perte était jurée, de répandre des
calomnies les plus invraisemblables avec tant
de profusion et d'ensemble, de les faire
répéter simultanément dans les provinces par
tant de journaux, d'en recommander la pu-
blicité aux sociétés affiliées et aux assemblées
populaires avec tant d'assurance, qu'elles
prenaient le caractère de l'opinion publique
dans un tems où presque tous les hommes,
appelés à éclairer le peuple par leurs talens et
à le ramener aux principes du contrat social,
étaient signalés à ses yeux comme des royalistes dont il devait se défier.

Les démocrates s'aperçurent trop tard de
la faute par eux faite de s'être réunis aux
jacobins pour soulever la multitude contre les
classes supérieures de la société. Toute l'éloquence des Lasource, des Vergniaud ne faisait
aucune sensation. Les diatribes des maratistes
étaient reçues comme des oracles. On ne
voyait dans les adversaires de *Marat*, affublé
du nom d'ami du peuple, que des ennemis
publics. On souleva contre eux la populace ;
ils succombèrent.

Parmi les coryphées du parti démocrate,

les uns périrent sur des échafauds, ou sauvèrent leur vie en se cachant dans les solitudes
les plus inaccessibles; les autres éprouvèrent,
long-tems toutes les angoisses de la plus dure
captivité : la France entière fut livrée aux
jacobins.

J'ai vu les factions sanglantes naître, dominer et périr, remplacées par d'autres factions
qui partageaient le sort des premières; et,
lorsque je méditais sur les malheurs de Rome,
depuis la dictature de Sylla jusqu'au règne de
Domitien, gravés dans la mémoire des hommes par *Tacite*, par *Saluste*, par *Suétone*,
j'envisageais les ouvrages de ces célèbres
écrivains comme des prophéties.

Tacite ne faisait-il pas un portrait frappant
de la domination de *Robespierre*, lorsqu'il
peignait la capitale du monde en proie aux
plus affreuses barbaries, les mers couvertes
d'exilés, les écueils sur lesquels ils traînaient
leur douloureuse existence, teints de leur
sang. « On était coupable (1) en aspirant aux
magistratures, on était coupable en les refu-
sant. L'opulence était un crime et la vertu

_____

(1) Tacit. Hul.

un crime encore plus grand. On suscitait les serviteurs contre leurs maîtres, les affranchis contre leurs patrons, et si quelqu'un n'avait point d'ennemis, on employait ses connaissances pour le pousser à l'échafaud. »

Suétone rapporte que *Domitien* fit mettre à mort le philosophe *Hermogène* de Tarse, qui s'était exprimé dans ses ouvrages avec une franchise républicaine, et que sa proscription s'étendit aux libraires qui avaient vendu des copies de ses écrits. Ainsi nous avons vu les jacobins frapper de la hache révolutionnaire les *Condorcet*, les *Bailli*, les *Linguet*, les *Lavoisier*, les *Roucher*, et ruiner des pères de famille en brisant les presses employées à publier des écrits qui déplaisaient aux prédicateurs d'anarchie.

Saluste ne semble-t-il pas écrire l'histoire de notre révolution lorsqu'il parle des tables funestes sur lesquelles les tyrans inscrivaient des milliers de victimes destinées à la mort. « Les lois, les jugemens, le trésor public sont dans la disposition d'un homme seul : aussi vous avez vu les victimes humaines qu'il a immolées, et les tombeaux, asiles silencieux de la mort, inondés du sang des vivans !...... Seul, depuis qu'il existe des hommes, il a prononcé des peines contre les enfans à naître, afin que le malheur d'être victimes de l'injustice leur fût assuré avant l'existence. »

La dévastation des provinces, par *Sylla*, ne semble-t-elle pas avoir servi de modèle à la dévastation de nos provinces par *Robespierre*. N'avait-il pas, comme *Sylla*, des lieutenans féroces qui promenaient à ses ordres jusqu'aux confins de notre territoire la famine et la destruction. *Collot-d'Herbois* se transporta dans Lyon pour en faire égorger les habitans sous ses yeux, pour les égorger de sa main. Parmi les soldats qu'on forçait à fusiller les proscrits, il s'en trouva un dont la répugnance perçait à l'extérieur ; sa main tremblante supportait à peine son arme homicide ; sa contenance était incertaine, le trouble de ses yeux annonçait le trouble de son ame ; il détournait la tête en tirant ses coups au hasard. *Collot* s'approche de lui, arrache le fusil qu'il tenait dans ses mains, et assassinant lui-même une des victimes, il lui dit : Voilà comment frappe un républicain.

J'ai vu le commerce le plus florissant anéanti sous le poids des taxes révolutionnaires ; la famine pâle et dévorante, amenée

avec un art digne des enfers, sur le sol de la
France ; les finances d'une nation riche et industrieuse détruites ; les cités les plus populeuses, les plus célèbres, dévastées, démolies ;
les provinces les plus fertiles changées en dé-
serts hideux ; mille prisons nouvelles perpétuellement ouvertes pour fournir aux échafauds leur proie quotidienne.

J'ai vu toutes les atrocités que le despotisme déguisé en démocratie peut accumuler
sur une nation ; des tribunaux d'égorgeurs
dans toutes les villes ; les rues obstruées par
des charretées de victimes traînées chaque
jour à la mort ; des fosses larges et profondes
creusées pour en dévorer les restes sanglans ;
les bases antiques de l'instruction publique
s'écrouler ; les temples de la morale fermés ;
les autels d'une religion consolatrice démolis.
On voulut leur substituer successivement le
culte de Marat, de la Raison, de la Théophi-
lantropie ; vaines tentatives ! L'irréligion,
comme un poison dissolvant, isolait tous les
hommes et détachait le faisceau social.

J'ai vu des êtres moitié tigres, moitié renards, un bonnet rouge sur la tête, un bandeau sur les yeux, un poignard dans les mains
et entourés des grelots de la folie, abattre les

monumens élevés en l'honneur du souverain
architecte de l'univers, traîner dans la fange
les vases destinés au culte public ; forcer les
ministres de la religion chrétienne par l'aspect d'une mort inévitable, d'avilir leurs
fonctions et leurs personnes, en se déclarant
charlatans et trompeurs. J'ai vu les mêmes
hommes qui venaient de briser les images
vénérées dans les temples et d'égorger les
ministres qui les desservaient, offrir à la vénération du peuple le buste hideux du plus
sanguinaire des démagogues et son portrait,
plus hideux encore, peint par le jacobin
David.

On eût dit que de nouvelles colonies de
Huns et de Vandales avaient envahi la France.
Ces nouveaux barbares différaient des anciens
en ce que ceux-là n'avaient pas du moins prétendu travailler au bonheur des vaincus en
détruisant chez eux les bienfaits de la civilisation ; ils massacraient, mais ils ne raison-
naient pas : ils suivaient un instinct de carnage ; nos vandales, au contraire, prétendaient
travailler à notre plus grand bien, en nous
réduisant à l'état sauvage.

L'anéantissement de tous les moyens de
prospérité renfermés en France, opéré par

les jacobins, devait finir par réduire leurs agens eux-mêmes aux plus fâcheuses extrémités. Qui vit de pillage ne vit pas long-tems. Les jacobins ayant prévu cette chance, l'auraient tournée à leur avantage pour envoyer hors des frontières une multitude d'hommes auxquels on aurait inspiré le désir d'aller chercher chez leurs ennemis l'abondance qui n'était plus chez eux. Les suites de ces invasions perpétuelles auraient forcé les gouvernemens voisins à faire la paix avec une nation qui n'avait plus rien à perdre, et dont la politique tendait à verser sur les peuples environnans, tous les fléaux dont elle était dévorée.

Alors les jacobins, profitant de l'affaissement où l'excès du malheur avait réduit tous les courages et du besoin de police qui se faisait sentir, ayant partagé entre eux toutes les grandes propriétés, pouvaient établir les institutions qui leur auraient convenu.

CHAPITRE XL.

Atroces rivalités entre les jacobins et les cordeliers. Changemens dans les usages de la vie civile.

Une haine atroce, une antipathie invincible entre les jacobins et les cordeliers furent heureusement plus fortes que l'intérêt de ces deux factions à se réunir pour remplir conjointement leur vaste plan de destruction et de fortune. Les blessures profondes que ces désorganisateurs se portaient, les réduisirent peu à peu à un état de faiblesse, dans lequel étant moins dangereux, ils conservaient le désir de nuire et d'asservir leur patrie, mais les moyens leur manquaient.

Dans cette lutte sanglante, le sort des armes fut d'abord funeste aux cordeliers ; soit que les *Danton*, les *Camille Desmoulins*, les *Fabre*, les *Legendre*, les *Freron*, les *Tallien* eussent moins d'habileté que les *Robespierre*, les *Collot*, les *Barr....*, les *Couthon*, les *Dub..-Cr....*, ou seulement que la fortune leur fût contraire. Les mânes de plusieurs milliers de victimes immolées par ces factieux, durent s'appaiser lorsque les mêmes tombereaux, dégouttans encore de leur sang, conduisirent à la mort ce *Danton*, dont le visage cynique annonçait la noirceur de l'ame; ce *Ronsin*, couvert du sang des malheureux Vendéens exterminés par lui; ce *Momoro*, ce *Chaumette*, cet *Hebert*, gorgés de rapines; et cet imbécile *duc d'Orléans*, l'auteur de tous les maux éprouvés par la France.

Le coup porté par les jacobins aux cordeliers retentit de Paris aux extrémités de la France. *Robespierre* devint alors la boussole qui dirigeait le vaisseau de l'Etat battu de toutes parts par la tempête. Un seul mot prononcé par *Robespierre* était un arrêt irrévocable. Les créatures, les amis du *duc d'Orléans* et de *Danton*, arrêtés de toutes parts, étaient plongés dans les cachots à côté des malheureux qu'ils y avaient entassés. Ils étaient jugés par les mêmes tribunaux révolutionnaires. Le peuple voyait avec un étonnement mêlé d'effroi les échafauds teints du sang des bourreaux et de leurs victimes.

A cette époque, un déluge de sang couvrit la France. La convention prenait le caractère d'une saturnale de tigres rugissans. La *montagne* entière marchant ou paraissant marcher de concert vers le même but, étincelait de plus de feux que n'en vomit jamais le Vésuve lorsque son explosion engloutit les villes de Pompéia et d'Herculanum. La lave brûlante découlant de ce cratère, couvrait le sol entier de la France, et menaçait de consumer l'Europe.

Jusqu'alors les jacobins n'avaient traité de suspects et d'aristocrates que les nobles, les prêtres et les principaux magistrats : ils inventèrent le titre d'aristocratie bourgeoise. Ils s'acharnèrent sur ce qu'ils appelaient le négociantisme, c'est-à-dire, que des gens intelligens et laborieux qui, en introduisant de nouvelles richesses dans leur patrie, étaient parvenus à se procurer une fortune honnête, furent regardés comme suspects. Une loi rendue sur le rapport de *Merlin*, ordonnait l'incarcération générale des gens suspects, et par la nouvelle intensité donnée à la suspicion, il n'était presque aucun individu aisé, que les comités révolutionnaires ne pussent enfermer arbitrairement et envoyer ensuite à la mort. Chacun tremblait pour son existence. Ceux-là faisaient leur testament, ceux-ci mendiaient un asile dans les campagnes. Les uns s'enfonçaient dans les forêts, les autres s'enterraient dans les cavernes au sein de la terre. Ces précautions devinrent funestes à ceux qui les prirent ; ne paraissant plus dans leur domicile ordinaire, les municipalités les inscrivaient sur des listes d'émigrés qu'elles étaient tenues de dresser. Ils furent obligés de sacrifier tout ce qui leur restait de fortune pour s'en faire rayer dans la suite. Le plus grand nombre passait dans les pays étrangers. Ce nouveau plan d'émigration forcée, rendit vacans presque tous les riches domaines des provinces méridionales. Les jacobins s'en mirent en possession ; ce fut le principe de ces réactions dans lesquelles un grand nombre de mangeurs d'hommes périrent à leur tour.

Les suspects qui se laissaient prendre étaient incarcérés. Il eût fallu convertir en prisons des villes entières. *Barr...,* pour se débarrasser plus promptement de cette foule importune, proposait de les déporter au plutôt... au fond de la mer. *Collot* voulait qu'on fît sauter avec de la poudre les prisons qui les renfermaient ; ces projets, ne furent pas décrétés, mais les prisonniers furent détruits en masse dans plusieurs villes.

Pour accoutumer le peuple à la marche inattendue des événemens, les jacobins ajoutaient à leurs autres moyens, celui de produire un tel bouleversement dans les idées générales, que la chaîne du passé ne se liant plus avec le présent et l'avenir, la multitude fût conduite à recevoir sans réflexion tous les changemens qu'on lui présenterait. De là le changement des noms, des villages, des villes, des rues, des personnes. On établit l'uniformité des poids et des mesures réclamée depuis long-tems; mais au lieu de prendre pour base de cette opération, des termes auxquels le peuple fût accoutumé, on eut recours à des formules grecques dont les notions inconnues devaient trouver beaucoup de difficultés à être admises dans les usages de la vie. Le tems fut compris dans les métamorphoses opérées par les jacobins. Le jour ne devait plus se diviser en vingt-quatre, mais en dix heures; les décades furent substituées aux semaines; les mois eurent des noms nouveaux.

CHAPITRE XLI.

Gouvernement de Robespierre. Projets particuliers de ce démagogue ; son supplice.

DEPUIS le supplice du *duc d'Orléans* et de *Danton*, les cordeliers se cachaient avec autant de soin que les royalistes. La faction orléaniste paraissait détruite. Les cordeliers n'étaient unis entre eux, que par leur haine envers *Robespierre* et ses partisans ; haine d'autant plus active et plus profonde qu'ils la masquaient sous le voile d'une perfide bienveillance.

À peine concevons-nous aujourd'hui l'engouement dont *Robespierre* était l'objet. Ce fut une confiance sans bornes semblable au fanatisme religieux. *Helvétius* disait que, si la peste avait de l'argent et des places à distribuer, il se trouverait des flagorneurs qui préconiseraient ses ravages. *Robespierre* était une peste publique ; mais dans sa délirante manière d'opérer la *sansculotisation* générale de la France, il faut convenir que jamais on ne

mania d'une manière plus adroite l'arme morale fournie dans des tems de troubles par
l'envie que les pauvres portent aux riches : en
cela était principalement le talent de *Robespierre.*

En proclamant sans cesse que le propriétaire était l'ennemi du non-propriétaire,
Robespierre colorait aux yeux de la multitude l'envahissement de la souveraineté nationale du prétexte spécieux de travailler
pour le peuple. Un de ses affidés écrivait à
la commission populaire d'Orange : « Vous
pouvez tout donner aux *sans-culottes*, tout
incarcérer, tout déporter, tout fusiller, tout
guillotiner. » Un autre se plaignant de l'étrange
abus qu'on faisait de ces maximes dans plusieurs départemens, *Robespierre* lui répondit : *Les sans-culottes ne dérobent aucune
chose, car tout leur appartient.*

Les gens sans foi, sans moyens, sans talent, se ralliaient en foule sous les drapeaux
d'un homme dont la politique était de mettre
dans leur main toutes les fortunes particulières et ceux qui les avaient possédées : il
n'est pas surprenant que, dans toutes les provinces, des associations mercénaires et des ma-

gistrats lâches ou pervers accablassent *Robes-pierre* de félicitations et d'éloges.

Ces sociétés populaires se considéraient comme le peuple français. Le patriotisme de leurs conducteurs consistait en du linge bien sale, des pantalons déchirés et cras-seux, des cheveux en désordre, un bonnet rouge et une perruque noire. On ressuscita le vieux terme de muscadin, qui signifiait un fat dans le langage des précieuses ridi-cules. Quiconque osait se montrer, dans les rues, habillé décemment, était traité de mus-cadin et accablé d'injures : toute femme coiffée en chapeau était une muscadine. Ce-pendant, par une contradiction singulière, *Robespierre* s'habillait proprement et avec une sorte d'élégance. Ce chef des *sans-culottes* n'adopta jamais leur costume. Sa figure grêle, loin de s'ombrager d'une perruque noire, était décorée de cheveux arrangés et soigneusement poudrés. Ce fut peut-être pour cacher l'agitation de son ame malfai-sante qu'il se masquait d'une paire de lu-nettes verdâtres dont il n'avait aucun besoin.

Dès qu'un homme devenait suspect à un comité révolutionnaire, on l'envoyait en prison; le comité faisait inventaire chez lui, enlevait or, bijoux, meubles précieux, et posait ensuite les scellés sur l'appartement vide. Tous les fils du gouvernement révolutionnaire aboutissaient au comité de salut public de la convention, composé des jacobins dont l'influence dominait à la *société-mère*. Ceux qui expliquaient la nature de cette administration par sa marche publique, regardaient les députés composant les comités de salut public et de sûreté générale comme les ministres de *Robespierre*. Cette opinion était générale vers les six mois qui précédèrent la révolution du 9 thermidor 1794 : les manœuvres qui amenèrent cet événement ont expliqué ce théorème politique.

Robespierre se servait du comité de salut public pour parvenir à la dictature, et le comité de salut public se servait de *Robespierre* pour parvenir à un gouvernement patricial. Les uns et les autres s'accordaient dans le projet d'un bouleversement général, au sein duquel leur autorité devait s'affermir : il en résultait des liaisons très-étendues et très-multipliées qui cachaient leurs vues contraires.

Nos projets doivent être combinés avec tant

d'art, disaient les membres du comité de
salut public, que les fils de la trame ourdie
par nous, passent par les mains de *Robes-*
pierre : il doit être le métier sur lequel ces
fils reposent, de manière que lorsque le mouvement sera donné au mécanisme, la machine qui le recevra paraisse l'imprimer ;
alors tout d'avantage sera pour nous, et le péril
pour un autre. Si nous sommes vainqueurs,
il nous sera facile de briser l'instrument ; et
si nous échouons, l'instrument mis par nous
en œuvre sera brisé par la Convention, qui
ne connaîtra pas les mains cachées sous la
contexture de la toile.

Robespierre, de son côté, flattait en particulier l'ambition de tous ses collègues au
comité de salut public, tandis qu'il prenait
des mesures pour les immoler les uns après
les autres. Un conspirateur se trouvant perpétuellement obligé de cacher sa marche,
son plus grand embarras consiste dans la nécessité d'établir souvent la puissance de ses
rivaux pour affermir la sienne. Le comité de
salut public et *Robespierre* se trouvaient dans
cet état d'anxiété : l'un voulait accoutumer
les Français à obéir à douze hommes pour
les rapprocher de l'obéissance à un seul ; les

autres, convaincus qu'il était plus aisé de dépouiller un seul homme qu'un sénat nombreux, travaillaient à augmenter perpétuellement l'influence de *Robespierre* ; ils or-
naient la victime avant de la conduire à
l'autel.

Ceux qui jugent des événemens par leurs
effets, attribuèrent aux efforts des républicains la journée du 9 thermidor ; ce fut le
résultat combiné des manœuvres du comité
de salut public et des cordeliers qui, depuis
le supplice de *Danton*, attendaient l'instant
de se venger de son oppresseur.

Plusieurs mois avant cette catastrophe, il
existait entre les membres du comité de salut
public des altercations qui perçaient au dehors. *Robespierre* ne paraissait plus dans
cette assemblée sans cesser d'en être l'âme
invisible. Les cordeliers avaient ménagé ces
altercations. D'un côté fomentant dans l'âme
du jaloux *Robespierre* son amour pour la
domination, ils lui présentaient les *Barr...*,
les *Billaud*, les *Collot*, les *Fréron* comme
autant d'antagonistes prêts à lui enlever le
fruit de ses travaux ; de l'autre, ils avertis-
saient les membres des comités de salut
public et de sûreté générale que s'ils n'arrê-

taient la marche de *Robespierre*, de *Saint-Just*, de *Couthon*, de *Lebas* vers le despotisme, on allait voir se renouveler dans Paris les anciennes proscriptions romaines, et qu'ils seraient les premiers immolés.

Robespierre dont l'immense pouvoir effrayait la France entière, périt sur un échafaud au moment où ses courtisans lui faisaient entendre que sa tête allait être ceinte du bandeau des rois. Il périt parce que sa puissance épouvantait ses complices autant que ses ennemis. Déjà plusieurs principaux jacobins avaient été sacrifiés par lui; d'autres s'attendaient au même sort, ils s'unirent pour abattre l'idole encensée par eux jusqu'alors. La puissance de *Robespierre* paraissait à son comble; il allait, selon l'expression de *Schakespear*, quitter le dernier échelon et porter la tête dans les nues; quelques mains frappent cette échelle, l'usurpateur est précipité.

CHAPITRE XLII.

Suite du supplice de Robespierre.

LE despote était mort, mais le despotisme
subsistait. Cependant la commotion causée
par un événement aussi inattendu, se reper-
cuté dans la France entière. Chacun se croyait
libre. Des larmes d'attendrissement coulaient
de tous les yeux, lorsque les innombrables
bastilles de *Robespierre*, s'ouvrant à la fois,
rendirent à leurs parens et à leurs amis des
milliers d'infortunés qui s'attendaient à ne
sortir de prison que pour aller à la mort.
Cette époque de la révolution console un peu
les ames sensibles des horreurs de tous les
genres dont la révolution fut accompagnée. Ce
changement subit appartient tellement à cette
journée, que probablement il l'eût également
éclairée si, par l'effet d'un événement contraire, *Robespierre* eût terrassé ses rivaux.
Le comité de salut public vainqueur rendit
Robespierre responsable de tous les crimes
commis depuis le 2 juin 1793 jusqu'au 9 thermidor 1794.

Vilate, un des jurés au tribunal révolutionnaire, nous apprend dans une brochure
intitulée *Causes secrètes de la Révolution du
9 thermidor*, que le projet de *Robespierre*
était de porter sur l'échafaud, *Thuriot*, *Guf-
froi*, *Rovère*, *Lecointre*, *Panis*, *Cambon*,
Tallien, les deux *Bourdon*, le *Gendre*, *Freron*,
Vadier, *Voulland* et *Barrère*. J'ai déjà observé que depuis deux mois il n'assistait pas
aux séances du comité de salut public. Il avait
prononcé aux jacobins plusieurs discours
dans lesquels il semblait vouloir arrêter le
torrent dévastateur qui bouleversait la France.

C'est un problème, s'il n'en excitait pas
secrètement l'action pour se donner le suprême mérite d'être le dieu libérateur qui
fermerait l'abîme de la destruction et ramè-
nerait les Français à l'espoir du bonheur. Mais
il est certain que s'il eût triomphé de ses ennemis, rien ne lui eût été plus facile que de
leur attribuer tous les maux de la France, et
que son intérêt, lorsque tous les genoux
auraient fléchi devant lui, était d'accoutumer
les peuples à sa domination par un système
de clémence. Ainsi *Auguste*, après avoir
versé des fleuves de sang pour parvenir au
pouvoir souverain, employa toute sa politi-

que, à faire oublier les proscriptions par la douceur de son gouvernement.

La catastrophe de *Robespierre* avait très-peu diminué les forces de la faction jacobine. Réunie avec la faction cordelière, elle eût probablement ramené sous d'autres formes le régime de la terreur ; mais la haine invincible vouée par les partisans de *Danton* aux partisans de *Robespierre*, l'emportant sur toute autre considération, s'opposa heureusement à cette coalition funeste.

La *société-mère*, un instant étourdie par le coup qui avait frappé son chef, reprit bientôt sa contenance audacieuse. Son antre, fermé le 10 thermidor, se rouvrit. Les jacobins du 9 thermidor, disait *Collot*, ne furent pas les bons et fidèles jacobins, ceux-ci vont reprendre leur lustre. *Billaud* annonçait *le réveil prochain et terrible du lion*. Mais la discorde avait établi son siége dans la *société-mère ;* elle rognait les griffes du lion. La tribune des jacobins fut souvent l'arène dans laquelle les amis de *Robespierre* et de *Danton* se portaient les coups les plus violens, s'accusant réciproquement d'une série de crimes atroces dont le seul récit excitait l'horreur la plus profonde. En vain les accusés rejetaient

les détails révoltans de leur conduite révolutionnaire sur les députés proscrits avec *Ro-*
bespierre, il fut bientôt démontré que la déso-
lation de la France était l'ouvrage des deux
comités et de leurs sanguinaires agens.

Un décret avait ordonné l'incarcération
des deux amis de *Robespierre, Lebon* et
David. Lecointre dénonça *Barrère, Collot,*
Billaud, Amar, Vadier et *Voulland,*
comme complices de *Robespierre.* Les montagnards arrêtèrent les effets de cette dénon-
ciation. Ils craignaient les dangers d'une so-
lidaire responsabilité. *Le parti du ventre,*
paisible et apathique spectateur des malheurs
publics, en était coupable par son silence.
Il appréhendait de justes récriminations.
Tous craignaient, en prononçant la mort
des désorganisateurs en chef, de se déclarer
coupables, et que le même échafaud n'attendit les juges et les accusés.

Le gouvernement révolutionnaire subsista,
adouci, mitigé, mais avec les formes arbitraires, capables de lui rendre en un instant
sa première férocité. Les partis s'observaient
et méditaient respectivement la ruine les uns
des autres. On essaya d'effacer la flétrissure
dont le nom de *Robespierre* était irrévoca-

blement couvert. Le peuple, impatient d'être vengé de ses oppresseurs, poursuivait dans plusieurs départemens les agens de la terreur, comme des bêtes féroces ; se mettant à la place des lois et de la justice qu'on lui promettait et qu'on ne lui rendait pas, le sang humain coula de nouveau sur une terre malheureuse.

CHAPITRE XLIII.

Clôture de la Convention.

Dans toutes les parties de la France on se réunissait pour solliciter une éclatante justice des atrocités dont les jacobins s'étaient souillés. Jamais on n'avait articulé à la tribune du corps législatif autant de preuves de leur scélératesse profonde : les forfaits attribués aux *Carrier*, aux *Lebon*, aux *Fréron*, aux *Maignet*, étaient à peine concevables. En d'autres circonstances, on avait vu les montagnards couvrir, par leurs vociférations éclatantes, la voix de leurs accusateurs ; mais alors l'évidence de leurs crimes, ou plutôt l'embarras dans lequel se trouvaient les principaux membres des comités de salut public et de sûreté générale, spécialement inculpés, les réduisaient au silence. *Lebon* et *Carrier* furent livrés à la justice et périrent sur des échafauds. Mais les efforts de la montagne se réunissaient pour sauver *Barrère*, *Voulland*, *Collot*, *David*, *Billaud*, *Amar* et *Vadier*, et les autres membres des comités du gouvernement, dont la condamnation aurait entraîné la destruction complète du parti de *Robespierre*.

Dans cette perplexité, les montagnards, dans la vue d'abuser de la bonne foi de leurs antagonistes, affectaient une feinte modération. Les républicains en profitèrent pour rappeler dans le sein de la convention les individus qui en avaient été expulsés depuis le 2 juin 1793. En même tems la société-mère, ayant préparé une insurrection en faveur de *Carrier*, la salle jacobine fut de nouveau fermée. Toutes les souplesses mises en œuvre par les jacobins pour obtenir la permission de se rassembler furent inutiles.

Les partisans de *Danton* s'apercevaient enfin que la haine aveugle avec laquelle ils poursuivaient les fauteurs de *Robespierre*, procurait aux autres partis de la convention les occasions d'anéantir la montagne. Les deux sectes, sans s'accorder aucune confiance, résolurent de se réunir pour éviter leur ruine commune. C'était un accord entre deux ennemis contre un troisième, sauf à se battre de nouveau entre eux quand le péril serait passé.

Malgré cette réunion, ils restèrent en mi-

norité. Le péril était urgent ; quel parti
prendre ? ce fut de s'adresser au parti du
ventre. On pouvait s'en aider avec d'autant
plus de facilité, que ceux de ce parti n'ayant
jamais montré la moindre énergie, des gens
accoutumés aux ressources de l'intrigue
avaient mille moyens de s'en défaire, lorsqu'ils n'auraient plus besoin d'eux.

Plusieurs fois, jusque dans la tribune, on
avait attribué les crimes des comités de gouvernement à la convention entière. Il n'était
pas difficile de faire entendre aux apathiques
députés qui n'avaient jamais donné le moindre
signe d'improbation aux assassinats commis
par les jacobins, que leurs ennemis vainqueurs, après avoir terrassé la montagne,
étendraient leur vengeance sur des êtres mé-
prisables, à la punition desquels la France
entière ne manquerait pas d'applaudir.

Assurés de ces auxiliaires, les jacobins our-
dirent plusieurs insurrections à Paris ; elles
échouèrent. Alors ils se déterminèrent à rédiger et à publier la constitution de 1795.

A mesure que cet édifice politique s'élevait, la situation de Paris devenait alarmante :
l'approche d'un gouvernement régulier était
un coup de foudre pour les malveillans de

tous les partis : on assurait que la convention, en feignant de clore le gouvernement révolutionnaire, prenait des mesures secrètes pour rétablir le règne de la terreur. Les partisans du gouvernement révolutionnaire réclamaient l'exécution de la constitution de 1793 ; les partisans de l'ancien régime partageaient le vœu des jacobins : leur espoir de rétablir les institutions en usage en France avant la révolution, se fondait sur les excès prolongés du gouvernement révolutionnaire. Les Français pouvaient être conduits, d'erreurs en sottises, dans la nécessité de revenir en arrière : un gouvernement régulier éloignait cette perspective.

Telle était l'aveugle fureur de ces hommes très-opposés de principes, qu'ils se réunissaient dans leurs moyens d'exécution, marchant de concert pour empêcher l'ordre social de se consolider ; ils arboraient les mêmes signes de ralliement. Cet entortillage amena les événemens de vendémiaire 1795, qui terminèrent la convention.

~~~~~~~~~~~~~~~~~~~~~~~~~~~~~~~~~~~~~

CHAPITRE XLIV.

Gouvernement Directorial.

A la convention, succédèrent deux chambres législatives et cinq directeurs chargés du pouvoir exécutif.

Des deux factions anarchiques, celle des orléanistes paraissait la plus puissante vers le tems de la clôture de la convention. On pensait même généralement qu'elle était sur le point de tirer de ses ruines la constitution de 1791, en plaçant sur le trône un *Bourbon* qui ne fût pas descendant de Louis XV : mais bientôt la distinction de cordelier et de jacobin s'évanouit sans retour. Une nouvelle combinaison, inspirant de nouvelles pensées, modifia différemment les affections révolutionnaires.

L'entière dépréciation des assignats date de cette époque. Ce fut le tems de la plus effroyable famine dans Paris. Une livre de pain fut payée cent francs ; une livre de viande trois cents ; une paire de souliers six

mille ; une demi-corde de bois vingt mille
francs. Toutes les familles qui n'avaient pas
partagé les horribles profits de l'agiotage,
dévorant leurs larmes amères, attendaient
en vain quelque adoucissement. Les malheureux avaient usé jusqu'à l'espérance, ce baume
réparateur, cette dernière consolation que
l'indulgente nature nous réserve dans les angoisses de la vie. Des mères de famille re-
cueillaient, pour nourrir leurs enfans, des
débris d'herbes et de légumes rejetés au coin
des rues, et dont les animaux auraient refusé
de se nourrir : scène de douleur qui ne saurait s'effacer de mon ame.

Au sein de ce fléau, il s'était fait dans Paris
une métamorphose qui surpassait celles dont
l'ingénieux *Ovide* nous a tracé la peinture.

Tandis que des pères de famille, ci-devant
possesseurs de cent mille livres de rente, demandaient l'aumône dans les places publiques,
les sales et hideux jacobins aux cheveux noirs
et plats, aux yeux hagards et sanguinolens,
aux propos insultans et féroces, à l'habille-
ment crasseux et cynique ; les spoliateurs de
la fortune publique, les fournisseurs des tribunaux révolutionnaires, les voleurs, les incendiaires, les mitrailleurs, les buveurs de

sang, les sans-culottes étaient transmués, par
art de féerie, en autant de seigneurs maniérés
qu'on eût presque pris pour des petits-
maîtres. Leurs dégoûtans haillons se rem-
plaçaient par des ameublemens magnifiques;
les greniers dans lesquels ils avaient caché
leurs vols, sous le voile d'une feinte indigence, se changeaient en superbes palais;
leurs gros bâtons noueux en voitures élé-
gantes : un palfrenier occupait l'hôtel d'un
duc et pair ; un laquais, devenu fournisseur,
était à l'étroit dans l'habitation d'un prince.

La nouvelle jurisprudence concernant les
mariages convenables, ou du moins sans inconvéniens dans un pays où les mœurs religieusement respectées auraient servi de sup-
plément aux lois, ouvrait la porte aux excès
d'une prostitution publique. Les nouveaux
riches prenaient et quittaient leur femme
comme une marchandise ordinaire livrée au
commerce. Plusieurs même donnaient ces
mutations en preuve de *civisme*. Les femmes,
ne pouvant plus compter sur la stabilité de
leur état, jouissaient du présent sans songer
à l'avenir ; joignant à l'ancienne liberté des
dames françaises l'ignorance absolue des convenances qui les empêchaient d'en abuser,

elles offraient le spectacle de ce débordement de mœurs que la fabuleuse antiquité attribuait à quelques îles de la Grèce consacrées à Vénus.

Sous le règne de la *montagne*, on soutenait que les seuls jacobins étaient patriotes : les choses avaient pris une tournure différente depuis que ce patriotisme enrichissant leur avait procuré des terres , des châteaux. Abattant eux-mêmes l'échafaudage dont ils s'étaient servi pour élever leur fortune ; chacun d'eux se défendait d'avoir jacobinisé , mais en revanche, ils vous assuraient tous qu'il ne fallait chercher les vrais amis du système républicain, que parmi les acquéreurs de domaines nationaux.

Eveillés par l'intérêt , ils encombraient toutes les avenues du directoire , comme les fauteurs des anciens abus encombraient autrefois les avenues du trône. La plupart des emplois grands et petits étaient confiés à des hommes qui avaient pris une part plus ou moins active aux excès dont la révolution fut accompagnée. Quand on se plaignait d'une disposition capable de perpétuer l'esprit révolutionnaire, il était répondu que dans la situation délicate de la république, pressée

au dehors par la coalition des puissances
étrangères, et au dedans par des ennemis dont
les attaques se combinaient avec autant d'art
que de secret, toutes les considérations
s'anéantissaient devant la nécessité de ne
confier le sort de la constitution qu'à des
hommes placés, par leur conduite, entre le
succès et l'échafaud.

On n'aurait pu contester la valeur de ce
principe, si un très-grand nombre de ces
agens révolutionnaires n'avait prouvé par
une opulence en opposition avec la nullité
de leur fortune passée, que la cupidité seule
dirigeait ces prétendus sentimens patriotiques, et qu'ils n'avaient fait la guerre aux
riches, que pour s'enrichir de leurs dépouilles.

CHAPITRE XLV.

Réactions du Midi.

Des hommes de cette trempe étaient étrangers sans doute aux mâles et austères vertus sans lesquelles la liberté n'est qu'un vain nom : le directoire dut en être convaincu, lorsque plusieurs conspirations lui apprirent que les hommes de sang auxquels il donnait sa confiance, voulaient l'égorger lui-même pour prix de ses bienfaits. On craignait généralement que les montagnards ne prétextassent les dangers de la république, occasionnés par eux-mêmes, pour traiter la constitution de 1795 comme ils avaient traité celle de 1793, et pour rappeler la convention avec son sanguinaire régime. Ces appréhensions, bien ou mal fondées, produisirent ces réactions dans lesquelles le sang jacobin coula en expiation de celui qu'ils avaient versé : l'assassinat fut vengé par l'assassinat.

Ces réactions eurent encore une autre cause. Parmi les députés rappelés dans la

convention après la mort de *Robespierre*,
plusieurs avaient abandonné leur patrie; ils
se trouvaient compris dans les lois portées
contre les émigrés : la justice réclamait une
distinction en leur faveur. Un décret rendu
le 22 germinal, rapporta les lois qui avaient
proscrit des citoyens à l'occasion de la révolution du 2 juin, 1793, leur permit de rentrer
dans leur pays et dans leurs biens. Cette
loi aurait produit les effets les plus salutaires,
si, plus généralisée, elle eût ouvert les portes
de la France à tous les individus forcés
par les diverses crises révolutionnaires, de
s'exiler de leur patrie. La destruction, la
dévastation, fut la tactique des jacobins,
avant comme après le 2 juin 1795. Ceux
qu'on dépouillait de leurs propriétés, dont
on violentait les opinions, qu'on ensevelissait
vivans dans les glacières d'Avignon, qu'on
massacrait dans les prisons de Paris, n'étaient
pas moins les déplorables victimes de la fureur
désorganisatrice, que les malheureuses *four-
nées* dévorées par la guillotine, sous le règne
des noyeurs et des mitrailleurs. Il s'agissait
de distinguer d'une manière précise les fugitifs
chassés de leur patrie pour se soustraire à une
mort presque inévitable, et les émigrés dont

le projet était de rentrer dans leurs anciennes prérogatives, sur des monceaux de ruines et de cadavres.

Une foule de propriétaires, forcés de s'expatrier lorsque le glaive révolutionnaire menaçait leurs têtes, revinrent en France. Ils trouvèrent leurs parens exterminés par des montagnards, et les meurtriers en possession de leurs habitations achetées avec des assignats prodigués sans mesure aux jacobins. Il s'ensuivit une foule d'assassinats dont les circonstances furent présentées de plusieurs manières différentes.

Avec les fugitifs rentrait un grand nombre d'émigrés ennemis du nouvel ordre de choses. Des mains invisibles égorgeaient les acquéreurs de biens nationaux, au milieu de leurs champs. Il se peut que des émigrés commissent ces crimes et les rejetasent sur les fugitifs pour les rendre odieux, ou pour les engager à rendre communs les intérêts des uns et des autres. Tous réclamaient l'exécution du décret du 22 germinal, pour rentrer dans leurs propriétés. La complication de ces demandes en rendait la solution si difficile, que plusieurs députés en mission dans les provinces, prirent des arrêtés pour casser les ventes nationales, sous prétexte de quelques défauts de forme. Alors les nouveaux propriétaires prirent ouvertement les armes pour défendre leurs acquisitions : le midi devint le théâtre d'une guerre civile.

CHAPITRE XLVI.

Partis qui divisaient la France depuis l'introduction du régime constitutionnel.

Pendant ces troubles intérieurs, les armées françaises avaient conquis la Hollande, l'Italie, une partie de l'Allemagne et de l'Espagne. La France, écrasant ses ennemis et protégeant ses alliés avec un bras de fer, déployait une puissance dont aucun peuple n'avait donné l'exemple depuis les Romains. La gloire du nom français volait d'un pôle à l'autre sur les ailes de la renommée : le nom de *Bonaparte* éclipsait ceux de tous les héros célébrés par la muse de l'histoire. Les campagnes si vantées de *Louis XIV* avaient donné à l'Europe une grande idée des ressources de la France, mais on ne lui supposait pas cette masse de forces qu'elle développait depuis plusieurs années sans paraître s'affaiblir. Redoutée de toutes les nations environnantes, elle eût bientôt conquis la paix, si la discorde eût

cessé d'agiter dans son sein son funeste flambeau.

Au lieu des cordeliers et des jacobins,
quatre partis bien prononcés divisaient la
France depuis l'introduction du régime constitutionnel. Les partisans de la constitution
de 1795 formaient le premier; le second se
composait des individus qui auraient voulu
ramener la convention et la constitution de
1793. Ceux du tiers parti multipliaient leurs
efforts pour rétablir la constitution de 1791,
ou quelque chose qui lui ressemblât. Le quatrième parti se proposait de faire renaître
tout l'ancien régime, jusqu'aux aides, jusqu'aux capucins. Sans cette observation, on ne
pourrait concevoir la série des événemens qui
amenèrent les journées du 18 fructidor 1797
et du 18 brumaire 1799.

Les purs royalistes, écrasés par la hache
révolutionnaire, étaient encore combattus
par les opinions répandues dans les écrits de
leurs partisans les plus adroits. *Mallet du
Pan* (1) attachait à cette inflexibilité qui vou-

_____

(1) Considérations sur les causes de la révolution
de France.

lait tout ou rien, le principal attachement des Français aux nouvelles institutions.

Les défenseurs de la constitution de 1791, après avoir brillé long-tems, furent, comme les royalistes, écrasés par les jacobins ; ils reparurent après le supplice de *Robespierre*. Le mépris inspiré par la production populacière de 1793 tournait en leur faveur. La seconde constitution étant généralement rejetée, ils offraient la première. On mettait en avant l'exemple de l'Angleterre. S'étant vainement flattée, après les plus violentes commotions, de jouir d'un gouvernement heureux en rendant la couronne au fils de Charles Ier. elle n'avait affermi sa liberté qu'en chassant les *Stuarts*, pour porter sur le trône une nouvelle dynastie. Ils en concluaient qu'une nouvelle dynastie devait être portée sur le trône de France. La création de la constitution de 1795 diminuait sans détruire leurs espérances ; ils se présentaient comme des médiateurs entre les républicains et les royalistes. La constitution de 1795 n'était pas entièrement rejetée par eux ; à leurs avis, plusieurs de ses institutions devaient être ajoutées au code de la constituante ; le partage du corps législatif en deux chambres, était une de ces institutions

25

supplétives. On assurait que le club de Clichy,
fermé pendant la convention et rétabli par
les députés nouvellement entrés dans la législature, penchait vers cet amalgame. La force
de ce parti augmenta les années suivantes.

Les fauteurs de la constitution de 1793
n'étaient redoutables que par l'art avec lequel ils avaient soulevé toutes les tempêtes
de la révolution. C'étaient ces mêmes hommes
dont les manœuvres, appelant à la domination une population d'ilotes, avaient renversé
toutes les barrières sociales, et qui voulaient
jouir du fruit de leurs travaux.

Malgré le déplacement des conditions, le
renversement des propriétés, et cette immense loterie de fortunes populaires, un
grand nombre de révolutionnaires restait
dans l'indigence ; soit que le hasard ne leur
eût pas fourni l'occasion de s'enrichir, ou
que, regardant comme inépuisable la mine de
papier qui avait alimenté la révolution pendant dix ans, ils eussent dissipé leurs profits
en vaines profusions, ne doutant pas d'en
faire de nouveaux à leur volonté. La chute
des assignats rendait ces profits plus médiocres
et moins assurés. Leur désespoir de n'avoir
pas profité de la fortune lorsqu'elle s'offrait

à eux, augmentait à la vue de leurs cama-
rades, possesseurs des plus belles terres de
France, logés dans de somptueux hôtels, se
montrant dans ces jardins enchantés, asiles
des plaisirs, avec leurs maîtresses couvertes
de diamans, et traînées dans des chars étin-
celans d'or. Ils se prétendaient républicains
exclusifs ; ils traitaient d'aristocrates, de
royalistes, de contre-révolutionnaires, tout
ami d'un gouvernement régulier. Il leur fallait le code de 1793, favorable au nivellement
des propriétés.

~~~~~~~~~~~~~~~~~~~~~~~~~~~~~~~~~~~~~

CHAPITRE XLVII.

Dix-huit fructidor.

LES hommes placés au gouvernail de l'Etat ne possédaient aucuns talens nécessaires pour le manier. La constitution de 1795 fut si souvent violée, que bientôt elle ne présenta aucune garantie. Une lutte scandaleuse s'établit entre le pouvoir législatif et le pouvoir exécutif. Les factions déchaînées menaçaient de subvertir de nouveau la France ; chacun sentait le besoin impérieux d'un autre ordre de choses. Chacun appelait, par ses vœux, un gouvernement capable d'affermir la France sur ses bases ébranlées ; mais on ignorait comment s'opérerait ce changement devenu nécessaire. Le directoire eut la preuve qu'il existait une conspiration pour changer le gouvernement. Les chefs de cette conspiration voulaient augmenter l'action du pouvoir exécutif, et en profiter pour faire la paix. C'était à peu près un dix-huit brumaire qu'ils voulaient faire par anticipation.

Les germes d'une guerre civile, provoquée par la continuation des mesures révolution-

naires, se développant en France , des attentats journaliers à la liberté individuelle , les
domaines nationaux dilapidés par des vam-
pires, dix-huit cent millions dissipés par un
gouvernement inepte, tout annonçait la nécessité d'une révolution. La France, si long-
tems ballottée par des factions corrosives, eût
marché rapidement vers sa restauration , si
le dix-huit fructidor eût été un dix-huit brumaire; mais ceux qui se montraient alors contre
le directoire , n'étaient pas des *Bonaparte.*

Prévenu des projets de ses ennemis, le directoire eut le tems de recourir à la force ;
il publia la découverte d'une nouvelle conspiration royaliste, foula aux pieds la constitution, décima la représentation nationale ,
relégua les magistrats et les écrivains qui lui
faisaient ombrage au fond de la Guyanne.

Depuis la révolution du dix-huit fructidor,
le corps législatif devait être considéré comme
une puissance entièrement subjuguée par le
directoire. Son rôle devenait absolument pas-
sif, comme l'avait été celui de la convention
depuis le 2 juin 1793 , jusqu'au supplice de
Robespierre.

Plusieurs déportés, étant parvenus à briser
leurs fers , des relations de leur captivité cir-

culaient en France : un cri d'indignation
s'élevait de toute part contre la barbarie avec
laquelle les directeurs *Rewbel*, *Barras* et *La
Revellière* avaient traité deux collègues dont
ils jalousaient les talens. Les mêmes sentimens se manifestaient envers les députés aux
deux conseils, assez faibles ou assez corrom-
pus pour avoir lâchement sacrifié un grand
nombre de représentans, qu'ils savaient n'être
pas coupables du délit dont on les accusait.
Il n'existait aucune confiance en un gouvernement aussi mal organisé.

Cependant, depuis que *Bonaparte*, après
avoir signé la paix de Campo-Formio, avait
été envoyé en Egypte avec trente mille de
ses plus braves compagnons, une nouvelle
coalition s'était formée contre la France. Les
Français, excédés par douze années de vicis-
situdes, étaient parvenus à cet état d'abattement dépeint par *Tacite*, lorsqu'à la suite
des guerres civiles, les Romains, soupirant
après le repos, le voyaient désormais dans
la concentration du pouvoir : *cuncta bellis
civilibus fessa.*

Au dedans, une représentation nationale
avilie par une longue nullité ; les balances
de nos destinées entre des mains perfides ou

mal habiles; aucun plan diplomatique; aucun système de guerre, de finances, d'administration; l'éducation publique abandonnée; la génération naissante livrée au double fléau de l'ignorance et de la démoralisation; partout le désordre dévorant le corps social; le soupçon sur tous les visages, l'inquiétude dans tous les cœurs.

Au dehors, nos soldats battus en Allemagne et en Italie; nos conquêtes perdues; une paix honorable devenue plus difficile; les républiques, créées par nous, opprimées, dépouillées; l'influence du cabinet des rois semblant diriger les opérations du directoire. Tel était le tableau que présentait la France.

Chacun désirait d'être délivré d'une multitude d'oppresseurs, d'agitateurs, de discoureurs, de faiseurs de lois contradictoires, ouvrant ou fermant, suivant leurs caprices, l'antre des jacobins; s'accusant réciproquement des malheurs publics, sans avoir ni les moyens, ni la volonté de les faire cesser. On voulait un gouvernement sans secousses, une liberté sans orages, et du repos sans servitude. Chacun observait que depuis l'origine de la révolution, dans le fracas des explosions patriotiques, au milieu des effusions popu-

laires, d'un saint dévouement à la cause de
la liberté, les conceptions fondamentales des
factions furent constamment de s'emparer du
pouvoir après l'avoir institué, et de s'y affermir exclusivement.

L'accord avait été parfait pour détruire.
L'architecte du jour écrasait celui de la
veille avec les matériaux d'un nouvel édifice,
et tombait le lendemain enseveli sous les décombres de sa construction. Tous cependant
avaient démontré, avec la même évidence,
la solidité de leur ouvrage. Chaque législateur, après avoir publié son code et saisi les
rênes de l'Etat, conjurait la nation de s'en fier
à lui. La liberté, l'égalité, l'ordre, l'abondance et le bonheur, vous jouirez de tout
cela ; nous vous gouvernerons parfaitement
bien, laissez-nous faire ; ensuite ces *Solon*,
ces *Numa*, ces *Lycurgue* partageaient entre
eux et leurs amis toutes les places lucratives.
Ainsi parlait *Robespierre*, lorsqu'il lançait sur
l'échafaud les démocrates ; ainsi parlait le comité de salut public, en ordonnant le supplice de *Robespierre* ; ainsi parlaient les ther-
midoriens, en vouant à la mort ou à l'igno-
minie le comité de salut public ; ainsi parlait
le directoire, en déportant les représentans du

peuple dans les marais pestilentiels de la
Guyanne. Mille fois trompés, on craignait
que le voile de sang qui signala le règne de
la terreur ne couvrît de nouveau la France,
lorsque *Bonaparte* aborda inopinément sur
les rives de Fréjus : il semblait que le génie
de la France conduisait ce guerrier sur les
ailes des vents, pour rendre à sa patrie le
repos dont elle avait besoin.

CHAPITRE XLVIII.

Dix-huit brumaire. — Caractères d'une bonne législation.

NAPOLÉON *Bonaparte* fut un de ces hommes extraordinaires que la nature avare montre peu souvent à la terre, pour changer ses destinées. Sa réputation remplissait le monde entier. Absent depuis plus d'une année, les événemens survenus depuis lors, lui étaient étrangers. Ses talens militaires et diplomatiques lui donnaient une vaste influence sur les affaires générales de l'Europe. Seul, il possédait les moyens et la volonté d'étouffer tous les partis ou de les concilier, et de rendre les Français à leur ancien caractère. Il n'est pas dans mes principes de louer les hommes que la justice nationale récompense des grands services qu'ils ont rendus; mais quand ces services sont au-dessus de tout éloge et de toute récompense, la justice et le devoir se confondent alors. Pourrais-je être traité de misérable louangeur en parlant des événemens inconcevables qui font marcher Bonaparte à côté des plus grands hommes anciens et modernes. Ce n'est pas ma faute si dire simplement ce qu'il a fait, est son plus bel éloge.

A peine ce général rentrait dans sa famille, que les chefs de tous les partis se pressaient autour de lui pour se fortifier de son suffrage. Au milieu de cette fluctuation, frappé de la nécessité de ramener promptement dans le port le vaisseau de l'Etat faisant eau de toute part, il se décide à couper le nœud gordien, et à fixer sur sa tête une immense responsabilité, comme une gloire immense, en saisissant d'une main hardie les rênes abandonnées du gouvernement. Le 18 brumaire 1799 sera un jour à jamais mémorable dans les annales de la France. Nos neveux le mettront au rang des fêtes les plus solennelles, puisqu'ayant enchaîné le démon des révolutions, il fit luire sur nos têtes l'aurore de la félicité publique.

Bonaparte déploya dans cette occasion la connaissance des hommes la plus approfondie. Il n'ignorait pas combien il lui fallait employer de souplesse pour comprimer les passions contraires; mais il savait en même tems qu'un concours de circonstances avait réuni autour de lui la masse la plus redoutable d'intérêts homogènes : quiconque redoutait une contre-révolution absolue et violente, quiconque craignait de retomber sous le fer sanglant des jacobins, quiconque enfin désirait que les formes administratives en France fussent plus conformes aux idées générales de la nation, tournait ses regards vers *Bonaparte*. Ce général, liant à un seul faisceau les intérêts les plus contraires, et des volontés si long-tems discordantes, enchaîna la nation française à sa fortune.

Ceux-là se trompent grossièrement qui pensent que long-tems un grand peuple se laisse gouverner contrairement à ses intérêts, à ses habitudes, à ses préjugés. On nous donnerait en vain le despotisme oriental en preuve de la tendance des peuples à courber leur tête sous le gouvernement arbitraire ; le despotisme oriental est fondé sur le despotisme domestique, qui est la passion dominante de l'Asie et de l'Afrique. Je pousserais plus loin cette comparaison, qu'il me suffit d'indiquer aux lecteurs accoutumés à réfléchir en lisant l'histoire.

On réclamait en France un gouvernement plus actif, plus concentré, une législature

moins nombreuse, moins turbulente, une
répartition des principaux pouvoirs, qui,
sans heurter les bases de la liberté, les garantît
des ravages, des passions. Une législation fondamentale embrasse les mœurs, les usages et
même la police domestique. Ces institutions
ne se consolident qu'autant qu'elles sont as-
sorties au tems, aux pays, à la corrélation entre
les hommes et les choses. Leur ensemble
constitue la force sociale ; cette force sociale se
conserve par la régularité du gouvernement,
et par l'unité morale résultante de la dépendance mutuelle des pouvoirs subordonnés
au nœud qui les rassemble.

Une semblable conception est presque au-
dessus des forces de l'esprit humain. La vénération religieuse dont l'antiquité entourait les
instituteurs politiques, atteste l'extrême difficulté qu'elle reconnaissait dans leurs fonctions
sublimes. Aisément elle les supposait inspirés
du ciel, tant elle jugeait de simples mortels
incapables d'atteindre sans un secours surna-
turel à la législation d'un peuple.

Dans la succession des siècles, l'histoire ne
nous a transmis les noms que d'un petit nombre de législateurs dont les codes sociaux sont
parvenus jusqu'à nous. Les lois romaines

furent la base des constitutions de l'Europe
moderne; elle dut ses autres lois à la violence,
à l'artifice, ou au droit de la guerre. C'est à
l'administration plutôt qu'aux lois, c'est aux
usages peu à peu introduits, c'est à l'exemple,
et à l'invitation, plutôt qu'à des règles cons-
tantes et raisonnées, que les Européens durent
leur police publique, et une certaine solidité
qu'on trouve dans leurs systèmes sociaux.

De tous les peuples connus, l'Européen est
le plus turbulent, le plus inquiet, le plus
novateur. L'influence combinée de l'habitude, de la religion, de l'opinion publique
et de l'autorité, l'a sensiblement apprivoisé
en réprimant son inconstance. Ce caractère
versatile se remarque plus particulièrement
dans les Français. C'est donc à eux qu'il est
le plus difficile d'imposer le frein d'une législation durable, embrassant toutes les branches de la sociabilité, réunissant la liberté
des gouvernés à la force du gouvernement.

Cette tâche, hérissée de difficultés dans tous
les tems, en présente de particulières à l'issue
d'un mouvement révolutionnaire, qui a mis
en expansion une protubérance, une super-
fétation de maximes exagérées, dont la pu-

blication menace en même tems et la tranquillité de l'Etat révolutionné, et celle des Etats voisins, qu'on pourrait aussi vouloir révolutionner. Le législateur doit alors adopter des institutions dont les combinaisons arrêtent, dans leur principe, tout nouveau bouleversement moral ; autrement, jamais la paix ne s'établirait. Les puissances étrangères refuseraient toute confiance à un gouvernement versatile et tracassier ; elles lui feraient la guerre jusqu'à ce qu'il fût détruit, ou qu'elles fussent détruites par lui. Il ne lui est même pas possible de prévoir analytiquement toutes les combinaisons. Il vaut mieux remplir les lacunes de la législation à mesure que l'expérience les lui fait découvrir, que de dépendre des erreurs du moment.

Les révolutions font éclore des grands parleurs, mais elles ne forment pas des législateurs habiles ; au contraire, le peuple, en fermentation, éloigne des places les hommes les plus capables de les remplir. Semblable à tous les souverains inexpérimentés, il accorde sa confiance aux ambitieux qui le flattent ; mais lorsqu'instruit par l'école du malheur, le repos lui devient nécessaire après de longues secousses, les phrases ampoulées,

le charlatanisme des promesses ne trouvent
plus pour admirateurs qu'un très - petit
nombre d'imbéciles.

La France réclamait un pouvoir protecteur, dont l'action fût assez habilement combinée pour éteindre tous les germes révolutionnaires, sans employer des moyens tyranniques. *Bonaparte* offrait ce pouvoir protecteur. Tous les vœux se prononçaient en
sa faveur.

CHAPITRE XLIX.

Caractère des quatre constitutions qui ont régi la France depuis la révolution. Gouvernement de Bonaparte. *Ce prince est proclamé Empereur des Français, sous le nom de* Napoléon premier.

Depuis la révolution, quatre constitutions furent successivement publiées en France. La première, en 1791, par la constituante ; la seconde, en 1793, par la convention, après la révolution du 2 juin ; la troisième, en 1795, par la convention, dans ses dernières séances ; enfin, le 11 nivose an 8, correspondant au premier janvier 1800, on eut la quatrième constitution, publiée par *Bonaparte.*

La constitution de 1791 confiait le pouvoir législatif à une assemblée de représentans, ne formant qu'une seule chambre. Cette assemblée était permanente ; le roi n'avait pas le droit de la dissoudre. Des corps électoraux nommés par les assemblées primaires de chaque département, devaient renouveler le

corps législatif en entier tous les deux ans.
Chaque département fournissait ses représentans, en raison combinée du territoire,
de la population et de la contribution di-
recte. Le roi devait exercer le pouvoir exécutif. Les lois n'avaient aucune autorité sans
avoir passé sous ses yeux; il pouvait leur refuser son adhésion. Ce refus suspendait leur
exécution; mais lorsque trois législatures
avaient présenté successivement au roi le
même acte législatif, le roi était censé avoir
donné sa sanction. Des juges élus temporel-
lement par le peuple, remplissaient toutes
les fonctions judiciaires, absolument indépendantes du roi et du corps législatif. Des
juges de paix terminaient les contestations de
peu de conséquence : chaque département
avait un tribunal civil et un tribunal crimi-
nel. L'appel des sentences civiles se portait
aux tribunaux voisins, au choix de l'appelant.
On ne pouvait être mis en jugement que sur
une accusation reçue par les jurés ou décrétée
par le corps législatif. La procédure était
d'abord portée devant un jury d'accusation,
qui décidait s'il y avait ou s'il n'y avait pas
lieu à accusation; si le jury prononçait l'af-
firmative, le procès était porté devant un

jury de jugement, qui prononçait si l'accusé était ou n'était pas coupable. Les juges appliquaient la loi. Un tribunal suprème prononçait sur les demandes en cassation, sur les demandes en renvoi d'un tribunal à un autre, et sur les règlemens des juges.

Les délits des principaux agens du gouvernement et des membres du corps législatif, ressortissaient à une haute-cour nationale formée de membres de la cour de cassation et de hauts-jurés nommés par les corps électoraux des départemens, d'après un décret d'accusation rendu par le corps législatif.

La seconde constitution se fondait sur les bases démocratiques d'un gouvernement populaire. Plusieurs principes républicains y étaient même développés avec assez de vérité. Mais de son ensemble résultait dans la société un état de guerre perpétuelle : c'était l'anarchie organisée.

La troisième constitution conservait l'ordre judiciaire institué par la constituante. Le corps législatif se partageait en deux chambres, dont les membres devaient être renouvelés chaque année par tiers. Le corps était permanent ; la proposition des lois appartenait à la chambre des cinq cents ; la fonction de l'autre chambre, à laquelle on donnait le nom de *conseil des anciens*, était d'approuver ou de rejeter les résolutions des cinq cents ; les propositions adoptées prenaient le nom de loi ; le pouvoir dirigeant était délégué à un conseil de cinq directeurs, nommés par le corps législatif ; le conseil des cinq cents formait une liste décuple du nombre des directeurs à nommer. Les anciens choisissaient dans cette liste. Un des directeurs sortait de charge chaque année. Le directoire n'avait aucune influence dans la législation.

Dans la quatrième constitution se trouvaient réunies, comme chez les anciens Romains, la démocratie, l'aristocratie et la monarchie. Les seuls changemens qu'elle faisait à l'organisation judiciaire consistaient dans des tribunaux d'appels établis en matière civile, et dans la stabilité des offices. Les juges ne pouvaient les perdre que par mort, démission ou forfaiture.

Le corps législatif se composait de deux chambres ; l'une de cent membres, sous le nom de tribunat, était chargée de discuter les lois que lui proposait le pouvoir dirigeant ; trois cents législateurs, composant l'autre chambre, rejetaient ou convertissaient en

lois les résolutions discutées par le tribunat :
ce corps démocratique était renouvelé par
cinquième chaque année.

La puissance dirigeante reposait dans les
mains de trois consuls ; mais le premier
réunissait seul la principale autorité : il nommait et destituait les ministres, les généraux,
les ambassadeurs, les conseillers d'état, et
disposait de toutes les places administratives
et judiciaires ; il dirigeait seul les opérations
de la guerre et les négociations avec les puissances étrangères : son autorité surpassait
celle que la constituante avait confiée au roi
des Français. Ce gouvernement, mieux combiné, se rapprochait de l'unité de but qui doit
distinguer tout bon gouvernement ; on pouvait le considérer comme monarchique dans
ses effets : deux consuls ne semblaient placés
à côté du premier magistrat que comme une
nuance, pour accoutumer les Français au pas-
sage d'un gouvernement à un autre : on pouvait prévoir que cette nuance s'effacerait
bientôt.

Enfin, entre le pouvoir dirigeant et le
corps législatif, se trouvait placé un sénat
dont les membres conservaient leurs places
durant toute leur vie. Non-seulement ce corps

élisait les consuls , les tribuns, les législateurs , les membres du tribunal de cassation , mais, tenant la balance entre le pouvoir exécutif et le pouvoir législatif , il était investi du pouvoir d'annuler les actes du gouvernement et les décrets législatifs frappés de quelque inconstitutionnalité.

Il est incontestable que la joie avec laquelle la nation se vit délivrée du régime précédent , et que le besoin généralement senti d'un gouvernement concentré et anti-jacobin, consolidèrent le crédit et la puissance de *Bonaparte*. Il est incontestable aussi que sa conduite, depuis son élévation , se régla constamment sur la direction de l'esprit national : il conserva de la révolution ce qu'on ne pouvait en détacher sans rétrograder vers les principes de l'ancien régime , et en retrancha tout ce qui ne tendait qu'à renouveler les dissensions et éloigner le retour de la tranquillité intérieure dont tout le monde avait besoin. Les habitudes anciennes se mirent d'accord avec les habitudes nouvelles.

Les factions auparavant dominantes avaient pris pour base de leur politique d'élever un parti sur les ruines de tous les autres, de gouverner par l'opposition des intérêts, au risque évident de multiplier les ennemis de la république en multipliant les victimes de la révolution. *Bonaparte*, au lieu d'opprimer aucun parti, sut les rendre utiles en les ménageant tous. Fructidoriens et fructidorisés, vendémiaristes, républicains de toutes les dénominations, savans, hommes à talens, propriétaires, négocians, manufacturiers, tous ont été également appelés aux grandes places, comme ne faisant qu'une religion politique, dont *Bonaparte* était à la fois le protecteur et le pontife.

A peine *Bonaparte* maniait le timon de l'Etat, que dans toutes les parties de l'administration, on apercevait sa main réformatrice. Presque toutes les victimes des vengeances directoriales, à la suite de la journée du 18 fructidor, rentraient dans leur patrie. Les lois de sang portées contre les émigrés étaient révoquées; ces infortunés jouissaient enfin du droit sacré de faire entendre leurs réclamations. Un concordat avec le pape régularisait, sous les rapports religieux, la nouvelle démarcation des diocèses introduits depuis la révolution, et rétablissait la bonne harmonie entre les prêtres attachés aux anciennes et aux nouvelles institutions. Les fondemens de la société

se relevaient en moins de tems qu'ils n'avaient
été détruits. Les campagnes étaient fécondées
par des canaux abandonnés depuis long-tems,
et qu'on achevait ou qu'on préparait. Les
villes s'embellissaient de nouveaux bâtimens.
La prohibition rigoureuse des marchandises
anglaises, tournait à l'avantage des manufactures françaises. Une marine redoutable était
construite comme par enchantement dans tous
les ports. Les ressources de tous les genres
semblaient se multiplier, et se multipliaient
en effet sous les efforts du génie qui entrainait
tout, les choses, les systèmes, les hommes.
Chacun ne paraissait affecté que d'une seule
crainte, c'était de perdre l'homme étonnant,
l'homme unique dont la tête féconde impri-
mait à la machine du gouvernement une marche triomphante, et à la gloire nationale un
éclat dont l'Europe entière était éblouie.
L'enthousiasme en faveur de *Bonaparte* éclatait de toute part; de toute part il était proclamé le restaurateur, le pacificateur, le sau-
veur de la France. Un premier plébiscite mit
entre ses mains pour dix ans les rênes de l'Etat.
Un second plébiscite les lui confia pour tout
le cours de sa vie, avec pouvoir de désigner
son successeur.

Dès lors le gouvernement français reve-
nait aux formes en usage durant les premiers
siècles de la monarchie. Ce système était assurément conforme à l'esprit de la constitution.
Bonaparte se trouvait investi de tout le pouvoir nécessaire pour faire respecter au dedans
les volontés nationales, et au dehors la gloire
de l'Etat : cela suffisait par rapport à lui, mais
cela ne suffit pas par rapport à nous. Depuis
long-tems les dénominations sous lesquelles on
désignait les potentats, réglaient le rang
diplomatique qu'ils tenaient entre eux. La
majesté et la puissance du peuple français
exigeaient que son chef suprême fût décoré du
titre donné par les anciens et les modernes aux
monarques des principaux Empires. La personne de *Bonaparte*, rendue plus vénérable
par une consécration solennelle, devait être
environnée de ces formules respectueuses
qui en imposent à la multitude, afin d'assurer
à la France le rang qui lui appartient parmi les
plus grandes nations.

Un nouveau plébiscite rendu sur un séna-
tus-consulte du sénat, conféra au premier
consul de France la couronne impériale.
Trois millions cinq cent mille individus épars
sur la surface d'un territoire immense appe-

lant une quatrième dynastie sur le trône français, votèrent l'hérédité de l'Empire dans la maison *Bonapartienne*. Les actes de cette translation, contenus dans soixante mille registres, furent dépouillés et vérifiés dans le sénat. *Bonaparte*, proclamé Empereur aux acclamations de toute la France et de presque toute l'Europe, fut couronné et sacré sous le nom de NAPOLÉON Ier, par le pape Pie VII, le 11 frimaire an 13 (2 décembre 1804).

CHAPITRE L.

Conclusion.

Sɪ les principes développés dans les chapitres de cet ouvrage sont hors d'atteinte,
la question que j'examine n'est plus difficile à
résoudre. Je ne dirai pas, avec *Voltaire*, que
le meilleur gouvernement est celui où toutes
les conditions sont le mieux protégées, car
il resterait à examiner le mode d'administration dans lequel cette protection est la plus
parfaite; mais j'assurerai que le gouvernement le plus convenable à une nation très-
riche, très-nombreuse, et disséminée sur une
grande surface, est une administration mixte
dans laquelle un heureux mélange de monarchie, d'aristocratie et de démocratie, se
combine avec tant de sagesse, qu'elle concilie
la liberté des gouvernés, la force des gouvernans et une maturité dans les conseils,
capable de prévenir les innovations et d'assurer la stabilité de l'Etat.

L'aristocratie héréditaire est celui de tous

les gouvernemens où la tyrannie se montre
sous les formes les plus méthodiques et les
plus humiliantes. La pure démocratie et le
pur despotisme sont des chimères, ou du
moins si ces administrations ont été amenées
momentanément par un concours de circonstances, la rapidité de leur chute démontre
qu'elles n'étaient pas propres à régir les hommes. Enfin, le nom de monarchie est donné à
un si grand nombre de gouvernemens, absolument différens entre eux, qu'on ne peut
établir distinctement ses principes constitutifs.
Ceux qui conviennent aux uns ne conviennent pas aux autres. La division des gouvernemens en républicain, monarchique et despotique, établie par *Montesquieu*, ne saurait
donc être admise.

Il n'existe parmi les hommes que deux
sortes d'administrations sociales. Dans l'une
ne sont reconnues que des lois fondamentales et indispensables, le reste est laissé à la
volonté du magistrat suprême. On donne à
ce gouvernement le nom d'arbitraire, quoiqu'il ne le soit pas entièrement. Tel est le
gouvernement de Danemarck. Dans l'autre,
des lois fixes déterminent toutes les relations
entre les citoyens entre eux, et entre les su-

jets et le prince. Cette administration est républicaine, telle est celle d'Angleterre.

République, Respublica. Ce mot signifie
la chose de tous, la chose du public. C'est
une agrégation politique, dans laquelle le
peuple, par lui-même, ou par ses représen-
sans amovibles et responsables, détermine
les lois auxquelles chacun doit obéir, et les
impôts que chacun doit payer. La souveraineté et le gouvernement sont deux choses
distinctes. La souveraineté appartient à une
nation; mais un peuple entier ne saurait se
gouverner lui-même, c'est-à-dire, qu'il ne
saurait lui-même appliquer à tous les cas
particuliers les lois générales qu'il a faites.
Il lui faut de toute nécessité un agent qui
mette en œuvre la force publique, selon les
directions de la volonté nationale; qui serve
de communication entre le souverain et les
sujets; qui fasse, en quelque sorte, dans la
personne publique, ce que fait dans l'homme
l'union de l'ame avec le corps (1). Le gouvernement de plusieurs peut être arbitraire,
et le gouvernement d'un seul peut être ré-

_____

(1) Contrat Social, liv. 3, chap. 1.

publicain. Que le pouvoir arbitraire soit dans
les mains d'un seul, de plusieurs, ou de tous,
ses effets sont les mêmes. Je n'y mets d'autre
différence (1), si ce n'est que plus le nombre
de ceux qui l'exercent est considérable, plus
la liberté personnelle est en péril. Le gouvernement d'un seul peut être tempéré par
le sentiment de sa faiblesse ou par la crainte
de trop irriter ses sujets ; mais quelle digue
résistera au pouvoir arbitraire d'un peuple
entier? l'expérience n'a-t-elle pas prouvé que
les partis violens sont ceux qui lui plaisent
ordinairement? Cédant aux premières impressions, le peuple prend rarement le tems
de consulter l'expérience. Rien n'est plus fré-
quent que de rencontrer des gens d'honneur
qui s'empressent de lutter contre le despotisme d'un seul ; mais devant le despotisme
d'un peuple, tout cède sans effort : comme
il distribue lui-même la gloire en formant
l'opinion publique, il faut le plus sublime
courage pour ne pas flatter toutes ses passions. Le peuple voudra la mort de *Socrate*,

_____

(1) Mounier, conseiller d'Etat ; considérations sur
les gouvernemens. Versailles, 1789.

le pleurera le lendemain, et deux jours après il lui dressera des autels.

En vain on objecte que le peuple peut charger du gouvernement un corps de représentans. Je ne répéterai pas ce que j'ai prouvé précédemment, que dès que cette nomination est faite, la démocratie n'existe déjà plus ; mais les leçons de l'expérience seraient vaines, si nous venions à oublier que la *convention* était une assemblée de représentans chargée de gouverner la France, et que ce corps, ne pouvant s'acquitter par lui-même de cette fonction, parce qu'il était trop nombreux, confia le pouvoir exécutif au comité de salut public. Dès lors son autorité fut à peu près nulle : il se forma une aristocratie au sein de la démocratie, et c'est ce qui arrivera toujours en pareil cas.

Le mode d'un bon gouvernement républicain est donc essentiellement mixte, c'est-à-dire que la démocratie, l'aristocratie et la monarchie s'y trouvent mêlées et pour ainsi dire fondues ; qu'aucune corporation ne puisse opprimer les autres sous les rapports civils ou sous les rapports religieux ; que les chefs de famille jouissent des mêmes droits et soient soumis aux mêmes devoirs ; que la loi soit l'expression de la volonté générale de tous, les propriétaires, exprimée librement par eux-mêmes ou par leurs représentans; qu'elle gouverne despotiquement les hommes et les choses. Ce gouvernement heureux sera une république : il importe peu que son suprême magistrat porte le nom d'archonte, de suffète, de consul, de roi ou d'empereur.

J'ai observé précédemment que lorsque la révolution s'annonça, tous les cahiers des bailliages demandaient que les états-généraux, tenus à des époques fixes, devinssent un ressort ordinaire du gouvernement; qu'ils eussent le droit de faire les lois et d'établir les impôts; que les impôts fussent payés par les citoyens, en raison de leur fortune, et que les citoyens, sans distinction de caste, parvinssent, suivant leurs talens, aux grandes comme aux petites charges militaires, civiles et ecclésiastiques.

Si ce système eût été adopté avec quelque ampliation, et surtout si la constituante eût ajouté dans le corps législatif une seconde chambre, composée d'hommes dont le droit fût, comme celui des pairs britanniques, de s'opposer à tout bouleversement dans le système social, la France fût parvenue, sous ce système d'administration, au plus haut degré de gloire et de prospérité. La constitution de l'an 8 offre ce contre-poids dans le sénat conservateur, dont l'influence sur le corps politique pourrait être améliorée (1).

Napoléon Bonaparte, en plaçant sur son front la couronne impériale, a promis, par serment, de maintenir la liberté des cultes, de respecter et de faire respecter l'égalité des droits, la liberté politique et civile des Français; de ne lever aucun impôt qu'en vertu de la loi; de gouverner dans la seule vue de l'intérêt, du bonheur et de la gloire de la nation. Que cette promesse soit fidèlement accomplie, la France, sous un gouvernement impérial, jouira de l'administration qui lui convient le mieux : elle sera une république organisée de la manière la plus avantageuse pour le monarque et pour les sujets de l'Etat.

----

(1) Si j'entrais dans les détails de ces améliorations, je sortirais d'une thèse générale qui appartient à la philosophie pour entrer dans des détails dont je ne saurais m'occuper sans y être autorisé par le gouvernement.

FIN.

TABLE

DES MATIÈRES.

~~~~~~~~~~~~

A.

B.

C.

D.

S.

FIN DE LA TABLE DES MATIÈRES.

www.ingramcontent.com/pod-product-compliance
Lightning Source LLC
Chambersburg PA
CBHW071956270326
41928CB00009B/1455